大学入学共通テスト

国語［古文・漢文］

の点数が面白いほどとれる本

河合塾講師
太田善之・打越竜也

＊この本には「赤色チェックシート」がついています。

はじめに

古文

「文法も単語もやったのに成績が伸びない」「そもそも古文の勉強方法がわからない」……。この本はそういう君のために書いた『共通テスト』の指南書です。

日本の大学入試の中で、最も受験者が多いのが『共通テスト』です。「みんな受けるなら簡単なんじゃないか」と思った人、残念ながらそれは間違いです。「多くの受験生」＝「幅広いレベルの受験生」なのですから、それをふるいにかけることを目的とするテストが易しいわけがありません。『共通テスト』こそ、本物の古文の実力が試されるテストなのです。

では、古文が決して得意とは言えず、古文の勉強にも時間が割けない。そんな君が今すべきことは何ですか。それは「なるべく手間をかけずに」本物の古文の実力を身に付けることですね。

この本の中にはその方法があります。

文法と単語をしっかりやったのに古文が読めない。僕に言わせれば、これは実に当たり前の話です。古文は品詞のレベルではなく、文構造のレベルで読まなければ読めないからです。文構造で読むなんて難しそうだと思うかもしれませんが、そんなことはありません。なぜなら、

① 必要最小限の文法・単語の知識
② 古文を読むときに考えるべき文の構造のポイント

この二つさえあれば大丈夫だからです。特に②が大事なのはもうおわかりですね。持っている道具は少ない。でも、難所に出会ったらその道具を最大限に利用できる方法をその場で考えて乗り越える、というイメージです。この考える力を君に与えるのがこの本なのです。しっかり読めば、たいていの難所は突破できるようになりますよ。

さあ、古文攻略の一番の近道、「考える古文」をはじめましょう。

漢文

漢文を勉強すると聞いて、みなさんはどんなイメージを浮かべますか？

「嫌い」「苦手」「意味不明」「役に立たない」……。とにかくよいイメージがないかもしれません。でもそのイメージを早く払拭してみませんか？　なぜなら、漢文は驚くほどの得点源だからです。

実はこのような話は、ほかの参考書や授業でも言われていることです。問題は、得点源だからこそ漢文を簡単だと誤解し、それによって学習を後回しにするという人が多いということです。結局、漢文をなめてかかっているのです。どんなに得点源でも、甘く見ていれば結果は出ません。

共通テストに必要な「やるべきこと」は決まっています。たった**九種類の句形**、ほかの科目よりはるかに少ない**約百種類の単語**・英語に似た**文構造**、それに漢文に特徴的な**文章パターン**・最後に**三つだけの漢詩の法則**、これらを自分の武器とするだけで、設問が解けてしまうのです。

▼共通テストの漢文に不安をもつあなたへ！

共通テストは、文系も理系も、現役生も高卒生も、受験資格のある人ならば誰でも受けられる試験です。ということは、誰が受けても「これがポイントか！」と納得できる試験問題であるはずです。

なので、特殊な技術が必要なわけではありません。ただ「やるべきこと」をやりましょう。やった分だけそのまま点数になります。そんなあなたをサポートしたい、その一心で基礎から細かい解説と練習問題を入れつつ、最近の受験生が間違えやすいところ、学習の死角になるところ、そこには特に力を入れて書きました。この一冊を使いながら対策を立て、実行に移し、必ずや漢文で稼げる科目にしましょう！　そのための方法を、余すところなく解説しました。高得点をとるために必要十分な情報と、誰でも使える解法がこの一冊に詰まっています。これ以上でもこれ以下でもありません。

さあ、すぐに扉を開けて一緒にはじめよう！

この本を出版するにあたり、KADOKAWAの佐藤良裕さん、相澤尋さんには、とてもお世話になりました。お二人の力なしにこの本はできませんでした。そして、僕たちがこういう本を書けたのは、日頃気になることを質問しにきてくれた、多くの生徒たちのおかげです。この場を借りて御礼申し上げます。

目次

第2部 漢文編

本文イラスト：中口美保
本文デザイン：長谷川有香（ムシカゴグラフィクス）

この本の特長と使い方

全体は**【古文編】【漢文編】**の二部構成です。
それぞれのパートは、共通テストに**必要な知識と解法が効率よく身に付く**ように解説してあります。
【巻末資料】として、まとめて暗記しておくべき事項を掲載しました。知識の見直しにも活用してください。

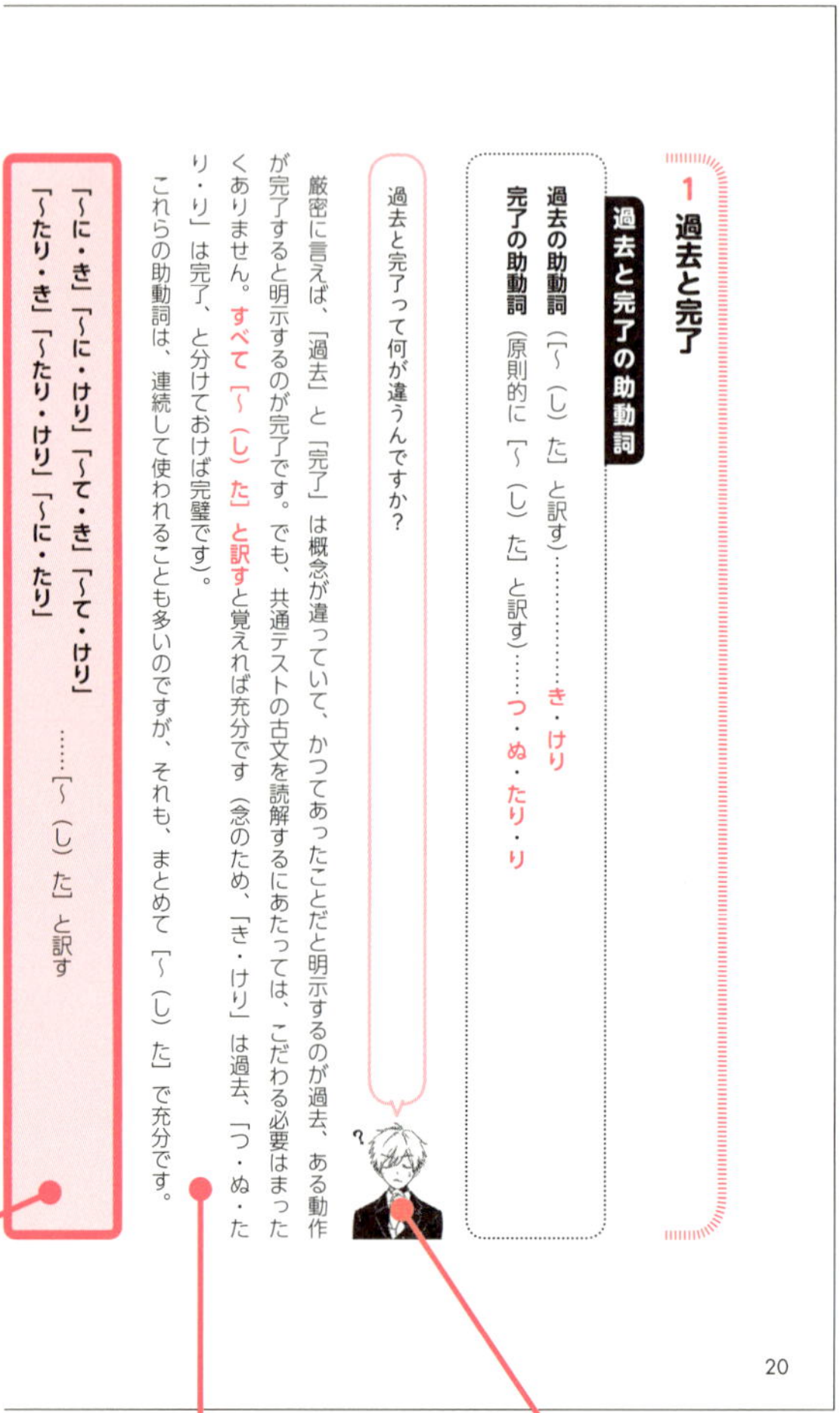

1 過去と完了

過去と完了の助動詞

過去の助動詞（「〜（し）た」と訳す）……**き・けり**
完了の助動詞（原則的に「〜（し）た」と訳す）……**つ・ぬ・たり・り**

過去と完了って何が違うんですか？

厳密に言えば、「過去」と「完了」は概念が違っていて、かつてあったことだと明示するのが過去、ある動作が完了すると明示するのが完了です。でも、共通テストの古文を読解するにあたっては、こだわる必要はまったくありません。**すべて「〜（し）た」と訳す**と覚えれば充分です（念のため、「き・けり」は過去、「つ・ぬ・たり・り」は完了、と分けておけば完璧です）。
これらの助動詞は、連続して使われることも多いのですが、それも、まとめて「〜（し）た」で充分です。

「〜に・き」「〜に・けり」「〜て・き」「〜て・けり」
「〜たり・き」「〜たり・けり」「〜に・たり」　……「〜（し）た」と訳す

20

生徒キャラが、あなたの気持ちを代弁して「合いの手」を入れています。多くの学習者が疑問に思うポイントがわかるだけでなく、楽しく読み進めることができます。

古文の太田先生、漢文の打越先生による、要点をおさえた本質的でわかりやすい説明が展開されています。

接続と活用の仕方については、巻末の助動詞一覧（☞322ページ）を見て確認しましょう。過去の助動詞「き」の活用は不規則なので、赤字にした未然形・連体形・已然形は、要注意です。

接続	助動詞	未然形	連用形	終止形	連体形	已然形	命令形	訳し方など
連用形（カ変サ変は未然形）	き	（せ）	○	き	し	しか	○	～（し）た（過去）

※「せ」は、反実仮想の「**せば～まし**」の形でしか使われない。

さらに、接続に関しては、**助動詞「り」**がポイント。ほかの過去・完了グループと違うので注意しましょう。

過去と完了の助動詞の接続

連用形接続……**き・けり・つ・ぬ・たり**
サ変の未然形・四段の已然形（命令形）接続……**り**

ほかの助動詞が連用形に接続する中で、助動詞「り」だけは少し変わっています。「サ変の未然」で「**サミ**」、「四段の已然」で「**シイ**」、助動詞「り（リ）」の意味は完了で「**カ**」なので、「**サミシイリカ**ちゃん」などと覚えます。
さらに言えば、この接続は必ずエ段音になるので**エ段音に付く「ら・り・る・れ」は完了の助動詞「り」**です。
これは見つけにくいので注意しましょう。

第1章 文法と単語

21 第2節 文法【助動詞】

テーマごとに覚えるべき内容や重要なポイントは、囲みで示しました。復習するときは重点的に読み返しましょう。

記憶すべき内容や重要な記述は、赤太字や黒太字で強調してあります。重点的にインプットしましょう。

第1部

古文編

さあ、さっそく古文の学習を始めよう！
覚えることは効率よく覚えて、考える力を身につけるための集中講義です。
速く読むためのコツが満載で、目からウロコが落ちること間違いナシ！
最初はちょっと大変だけど、しっかりついてきてね。

第1節 文法【用言】

古文は、「文法」と「単語」を効率よく入れて、文構造を捉えられるようになるだけでバッチリ。

それでは、その第一歩として「文法」から始めましょう。特に、これから学ぶ「用言」は文法事項の基礎の基礎です。ここがしっかりしていないと、後々大変なことに……。最初に頑張って面倒なところを片づけておきましょう。

「用言」とは、**動詞・形容詞・形容動詞の三つの品詞をまとめた言い方で、活用のある自立語**のことでしたね。

1 動詞

まずは、動詞。動詞の活用の仕方をグループにすると、全部で九種類になります。そのうち六種類は所属語が少ないので、暗記するべきものです。ほかの三種類が、見分けるものです。

動詞のまとめ

覚える動詞……六種類。

カ変…「来」

サ変…「す」・「おはす」・「漢字音読み＋す（ず）」

	未然	連用	終止	連体	已然	命令
カ変	こ	き	く	くる	くれ	こ(よ)
サ変	せ	し	す	する	すれ	せよ

ナ変…「死ぬ」・「去《い》ぬ（往ぬ）」

ラ変…「あり」・「をり」・「はべり」・「いますかり」

上一段…「ひ《干》・い《射》・き《着》・に《似・煮》・み《見》・ゐ《居・率》—ル」

下一段…「蹴る」

見分ける動詞……三種類。

四段…「書く」「言ふ」など多数。
→「ア段音＋ず（＝ない）」

上二段…「起く」「落つ」など。
→「イ段音＋ず（＝ない）」

下二段…「受く」「求む」など。
→「エ段音＋ず（＝ない）」

ナ変	ラ変	上一段	母音	下一段	四段	母音	上二段	母音	下二段	母音
な	ら	き	i	け	か	a	き	i	け	e
に	り	き	i	け	き	i	き	i	け	e
ぬ	り	きる	iru	ける	く	u	く	u	く	u
ぬる	る	きる	iru	ける	く	u	くる	uru	くる	uru
ぬれ	れ	きれ	ire	けれ	け	e	くれ	ure	くれ	ure
ね	れ	きよ	iyo	けよ	け	e	きよ	iyo	けよ	eyo

やっぱりここからやらなきゃだめですか？

もちろん読解に直結するのは、後で学ぶ助動詞や助詞の識別ですが、そのときに使うのがこの「用言の活用の見分け」、正確に言うと「活用形の見分け」なのです。だから、できて当然、「だいたいわかる」では困りますからね。動詞に関してやることはまず二つ。

①所属語の少ない活用の動詞を覚えること。②活用の仕方のパターン（前表の下段）を覚えること。

①「覚える動詞」に入っているかどうかをチェックする。
カ変・サ変・ナ変・ラ変・上一段・下一段は、ここで決定。　残りは、
②その動詞に「ず」を付けた際、直上の母音で判断する。
ア段音（「書かず」の「か（ka）」）→**四段活用**
イ段音（「起きず」の「き（ki）」）→**上二段活用**
エ段音（「受けず」の「け（ke）」）→**下二段活用**

いくつか注意をしておきます。一つめは、**必ず「覚える動詞」からチェックする**こと。二つめは、「見分ける動詞」で「ず」が付けにくい場合は、**現代語にして「ない」を付ける**こと。三つめは、現代語には存在する**可能動詞**（「飛べる」「読める」「書ける」など）**は古文にはない**ということ。これは忘れずに覚えておいてください。

そうすれば、動詞の活用は万全です。

助動詞のためっていうのはわかったんですけど、読むときにいちいち判断するのはちょっと大変かも……。

いえ、文章を読解するとき、普通は動詞の活用の見分けなんてしませんよ。そんなことをしながら読んだら、僕だって時間内には読み切れないかもしれません。慣れてきて、すっと活用形がわかるようになったら、**厄介《やっかい》な**

動詞だけ覚えておいて、それが出たら判断しながら読解するのです。実際には、一つの問題文を解くときに動詞を見分ける必要があるのは、せいぜい二、三回ですね。では、厄介な動詞群を並べておきますから、きちんと見て覚えましょう。

四段と下二段で意味が異なる動詞……**「かづく」「たのむ」「たまふ」**

一文字動詞なので見つけづらい動詞……**「得《う》」(ア下二)、「寝《ぬ》」(ナ下二)、「経《ふ》」(ハ下二)**

活用の行と種類を忘れがちな動詞……**ヤ上一「射《い》る」**
ヤ上二「老《お》ゆ」「悔《く》ゆ」「報《むく》ゆ」
ワ上一「居《ゐ》る」「率《ゐ》る」
ワ下二「飢《う》う」「植《う》う」「据《す》う」

似ているので混乱しがちな動詞……**「見る」(マ上一)と「見す」(サ下二)と「見ゆ」(ヤ下二)**
「似る」(ナ上一)と「似す」(サ下二)
「着る」(カ上一)と「着す」(サ下二)

2 形容詞・形容動詞

さて、次は形容詞と形容動詞です。形容詞も形容動詞もそれぞれ二種類の活用があります。

形容詞・形容動詞のまとめ

形容詞 **ク活用**…「白し」など。
↓「白**く**て」となる。

形容詞 **シク活用**…「悲し」など。
↓「悲**しく**て」となる。

形容動詞 **ナリ活用**…「静かなり」など。

形容動詞 **タリ活用**…「堂々たり」など。

		未然形	連用形	終止形	連体形	已然形	命令形
ク活用		**（く）**	**く**	**し**	**き**	**けれ**	
		から	**かり**		**かる**		**かれ**
シク活用		**（しく）**	**しく**	**し**	**しき**	**しけれ**	
		しから	**しかり**		**しかる**		**しかれ**
ナリ活用		**なら**	**なり**	**なり**	**なる**	**なれ**	**なれ**
			に				
タリ活用		**たら**	**たり**	**たり**	**たる**	**たれ**	**たれ**
			と				

ク活用とシク活用は現代語の感覚を生かして、**「て」や「なる」に続けてみて活用を見抜きます**。ク活用の終止形「し」以外の箇所に「し」を補えば、シク活用の完成ですね。また、左側の活用（補助活用やカリ系列などと呼びます）は「（し）か」の後にラ変が付いている形です。ですから、**形容詞の活用の仕方は、「（く）・く・し・き・けれ　＆　か＋ラ変」**と覚えておきましょう。

「く、から、く、かり〜」で覚えたんですけど、ダメですか？

多少好みもあるけど、僕は縦に割るほうをオススメします。補助活用は、ほとんどの助動詞や終助詞「なむ」「ばや」に続く場合に用いられます。たとえば、形容詞「悲し」に連用形接続の助動詞「けり」を付ける場合、「悲しくけり」とは言いませんね。「悲しかりけり」が正解です。このように、下接する語の識別に使う場合、縦割りのほうが都合がよいのです。しかも、「＋ラ変」と覚えておけば、形容詞がラ変型活用語だということも明白です。もちろん、この点がわかっていればどちらでもいいのですが。

問題 **次の文の文法的説明は正しいかどうか。**

「命得させしこそ嬉《うれ》しけれと」の「れ」は、過去の助動詞「けり」の已然形の一部である。

（センター試験・改）

正解は**「正しくない」**でした。たしかに、「こそ」の結びは已然形で、助動詞「けり」の已然形は「けれ」です。しかし、「嬉し＋けれ」と二つの単語に切ると、終止形に「けり」が続くことになってしまいます。前表にあるように、**「嬉しけれ」で一つの形容詞の已然形**なのです。特にシク活用には注意しておきましょう。

入試で見る形容動詞は、ほとんどがナリ活用です。活用は**「な＋ラ変、連用形に『に』」**と覚えておきましょう。

また、形容詞「悲し」と近い形容動詞「悲しげなり」があるように、**「〜げなり」**という形が多く見られます。

また「はなやかなり」「ほがらかなり」のように、**「〜やかなり」「〜らかなり」**の形も多く見られます。

第2節 文法【助動詞】

現在僕たちの使っている日本語の元の姿が「古文」なのですが、助動詞に関しては、ずいぶん違います。けれど、そこさえつかめば読むのがぐっと楽になります。要領よく学んでいきましょう。

何回も学校でやったけど、「完了」とか「過去」とかなんだかたくさんあるし、活用するし、すぐ忘れちゃうんです。

たしかに、文法的な面ではここが一番キツイところだからね。でも頑張りどころでもあって、これが手に入れば、古文を読むときに邪魔ものがいなくなりますよ。まずは、助動詞で覚えるべきことを整理しておきます。助動詞ごとに、次の三つを覚えること。

①**訳し方**（と**文法的意味**）
②**接続**
③**活用型**（＝活用の仕方）

①は、それぞれの助動詞を現代語にするときにどう訳すかという問題です。**助動詞「けり」なら「〜(し)た」**

と訳します。また、**助動詞「けり」の文法的意味は「過去」**です。一つの助動詞で多くの訳し方（文法的意味）を持つ助動詞もたくさんありますし、同じ文法的意味の助動詞が複数ある場合もあります。

②は、それぞれの助動詞がどの活用形に続くかという問題です。たとえば、四段動詞「咲く」に助動詞「けり」が続くと、「咲きけり」となります（「咲き」は四段動詞の連用形）。これを**助動詞「けり」は連用形接続**と覚えていくわけです。

③は、それぞれの助動詞がどう活用するかという問題です。助動詞「けり」は、未然形から順に、**「（けら）・○・けり・ける・けれ・○」**となります。これを一つずつ覚えるということですが、主要な助動詞は三十弱ありますから、ぞっとしますね。でも、大丈夫。**助動詞「けり」はラ変と同じ**、などと覚えていけばいいのです。後でまとめて教えましょう。

接続	助動詞	未然形	連用形	終止形	連体形	已然形	命令形	訳し方など
連用形	けり	（けら）	○	けり	ける	けれ	○	～（し）た（過去）

②接続→（接続）
③活用型→（未然形～命令形）
①訳し方と文法的意味→（訳し方など）

古文の助動詞の中で、頻度《ひんど》も高く、重要度も高い助動詞群は、「時制」に関わる助動詞群です。この整理から始めます。

1 過去と完了

過去と完了の助動詞

過去の助動詞（「～（し）た」と訳す）……………**き・けり**
完了の助動詞（原則的に「～（し）た」と訳す）……**つ・ぬ・たり・り**

過去と完了って何が違うんですか？

厳密に言えば、「過去」と「完了」は概念が違っていて、かつてあったことだと明示するのが過去、ある動作が完了すると明示するのが完了です。でも、共通テストの古文を読解するにあたっては、こだわる必要はまったくありません。**すべて「～（し）た」と訳す**と覚えれば充分です（念のため、「き・けり」は過去、「つ・ぬ・たり・り」は完了、と分けておけば完璧です）。

これらの助動詞は、連続して使われることも多いのですが、それも、まとめて「～（し）た」で充分です。

「～に・き」「～に・けり」「～て・き」「～て・けり」
「～たり・き」「～たり・けり」「～に・たり」
……「～（し）た」と訳す

接続と活用の仕方については、巻末の助動詞一覧（☞322ページ）を見て確認しましょう。過去の助動詞「き」の活用は不規則なので、赤字にした未然形・連体形・已然形は、要注意です。

接続	助動詞	未然形	連用形	終止形	連体形	已然形	命令形	訳し方など
連用形（カ変サ変は未然形）	き	（せ）	○	き	し	しか	○	～（し）た（過去）

※「せ」は、反実仮想の「**せば～まし**」の形でしか使われない。

さらに、接続に関しては、**助動詞「り」**がポイント。ほかの過去・完了グループと違うので注意しましょう。

過去と完了の助動詞の接続

連用形接続……**き・けり・つ・ぬ・たり**
サ変の未然形・四段の已然形（命令形）接続……**り**

ほかの助動詞が連用形に接続する中で、助動詞「り」だけは少し変わっています。「サ変の未然」で「**サミ**」、「四段の已然」で「**シイ**」、助動詞「り（**リ**）」の意味は完了で「**カ**」なので、「**サミシイリカ**ちゃん」などと覚えます。

さらに言えば、この接続は必ずエ段音になるので**エ段音に付く「ら・り・る・れ」は完了の助動詞「り」**です。

これは見つけにくいので注意しましょう。

でも結局、この辺りの助動詞って、全部まとめて「〜（し）た」でいいんですよね。それで行きます。

では、ここまでしっかり身に付けた人は、次のステップへ行きます。実は、この過去・完了グループの助動詞の中で、例外的に「〜（し）た」と訳さない場合があるのです。それが助動詞「つ」と「ぬ」の**強意（確述）の用法**です。助動詞の「む」「べし」といった推量の助動詞が下接した場合には「きっと〜、たしかに〜」などと訳すのです。大意を取るだけなら訳さなくてもかまいません。次の四つを覚えておきましょう。

連用形＋**て**＋む
連用形＋**な**＋む
連用形＋**つ**＋べし
連用形＋**ぬ**＋べし

ちょっと難しそうですね。

そうでもありません。**「む」や「べし」の強調文**だと思えばいいのです。実は、「む」や「べし」という助動詞は未来や未確定なことに使うので、そこに「た」という訳が入ってしまうと「〜ただろう」となって、過去の出来事を推測してしまい、時制が合いません。その場合には**過去推量の助動詞「けむ」**というのが別にあります。

「連用形＋**て・む**」「連用形＋**な・む**」＝**「未然形＋む」**
例「御船返してむ」（＝御船返さむ）訳このお船を（港に）戻そう（『土佐日記』）

「連用形＋**つ・べし**」「連用形＋**ぬ・べし**」＝**「終止形＋べし」**
例「日暮れぬべし」（＝日暮るべし）訳日が暮れるだろう（『大和物語』）

これで、過去完了グループはしっかりできましたね。

2 推量

時制にも関わり、頻度《ひんど》の高い助動詞である推量系の助動詞を確認していきましょう。

推量系の助動詞

推量の助動詞（未来や未確定なことへの想像）……む・（むず）・べし・まし
過去推量の助動詞（過去の出来事への想像）……けむ
現在推量の助動詞（現在の出来事への想像）……らむ
打消推量の助動詞（ある出来事がないことへの想像）……じ・まじ

たくさんあり過ぎです……。これはやばいかも。

大丈夫！　ポイントと考え方さえわかれば、たいしたことはないんです。まずはこれらの助動詞を見つけるために**活用型**の話から始めましょう。

「べし」「まじ」は、「し」「じ」で終わるので、形容詞型となります。それぞれ、ク活用とシク活用だと覚えてください。「じ」は活用がすべて同じで、「じ」にしかなりません。また、**「む」で終わる「む・けむ・らむ」はすべて同じ活用**をします。存在しない活用形も多いので次のように覚えてください。

助動詞	未然形	連用形	終止形	連体形	已然形	命令形
む	○	○	む	む	め	○

同様に、「けむ」なら**「○・○・けむ・けむ・けめ・○」**、「らむ」なら**「○・○・らむ・らむ・らめ・○」**です。

ついでに言えば、「むず」はもともと「む」に助詞「と」とサ変「す」の付いたものなので、サ変型で**「○・○・むず・むずる・むずれ・○」**となります。

あとは特殊な活用をする「まし」だけは何度も復唱して覚えるしかありません。未然形に「ませ」とありますが、これはおそらく和歌の中でしか見ないので、そこまで気にしなくても大丈夫。

助動詞	未然形	連用形	終止形	連体形	已然形	命令形
まし	ましか （ませ）	○	まし	まし	ましか	○

「む」と「まし」だけ何度も唱えればいいんですね。ほっとしました。でも、特殊な活用の仕方をする助動詞って、「まし」のほかにもけっこうたくさんあるんですか？

いえ、前項で見た「き」と、この「まし」と、打消の「ず」の**三つだけ**です。これだけは頑張ってください。ここで活用の仕方をまとめておきましょう。

丸暗記する助動詞……**「き」「まし」「ず」**の三つ
「―り」で終わる助動詞……**ラ変型**（断定「なり」はそこに連用形「に」を加える）
「―し」「―じ」で終わる助動詞……**形容詞型**（「じ」は変化なし）
「―む」で終わる助動詞……**○・○・む・む・め・○**
「ぬ」……**ナ変型**
残りの助動詞〔つ・(ら)る・(さ)す・しむ〕……**下二段型**

さて、次は**文法的意味**の話です。これらの助動詞群を理解するための最大のポイントは「む」にあります。まず「む」から説明しましょう。ざっくりと言ってしまえば、英語のwillのように、未来や未確定な出来事を想像している場合に使う助動詞です。ですから、中心的な意味は二つ、その二つに加えてあと一つ覚えれば充分です。

「む」の意味

①**推量**……［〜だろう］
②**意志**……［〜う、〜よう］
③**婉曲**……［（〜ような）］

速読する場合には③**婉曲**の「む」をまず意識します。**助動詞「む」が文中に使われている場合は婉曲と考えて差し支えありません**。訳す場合にも［ような］と訳してもよいですが、いっそ飛ばして読みましょう。また、たいていの場合、直下に体言がありますが、ない場合には**「時、人、場合、の」などを補って**読み進めていきます。

次に、**「む」が文末に使われている場合には、推量と意志との訳し分け**をするのです。たとえば、「帰らむ」と文末にある場合、［帰るだろう］で文脈に合えば推量、［帰ろう］で合えば意志、といった具合です。本当は、「む」には勧誘などという意味もありますが、それも訳は［帰ろう］ですから、やはりさっきのやり方で通用するのです。

「文中」と「文末」で分ければいいんですね。でも、「文中」ってどういうことですか？

「文中」とは、その「む」の箇所で文が切れない場合、簡単に言えば句点（。）が付かない箇所です。「花の咲か**む**折」のように直下に体言がある場合はもちろん「文中」です。また、「桜の散ら**む**は、」や「ひたおもてにな ら**む**、やすしかし」なども句点が付かないので「文中」と考えてください。

「文末」とは、句点の前の「む」の場合ですが、「さにやあら**む**と思ふに、」なども、「『さにやあらむ。』と思ふに、」となるので、やはり引用句の最後で句点が付く＝「文末」と考えてください。また、「よし聞か**む**かし。」なども、文末に終助詞「かし」が付いただけなので「文末」と扱います。

つまり、文末の場合には「そう**だろう**かと思うと」、「よし聞こ**う**よ」と訳し分けて、それぞれ推量、意志と判断するのです（もちろん、文法用語が問われていなければ、訳し分けまでで大丈夫です）。

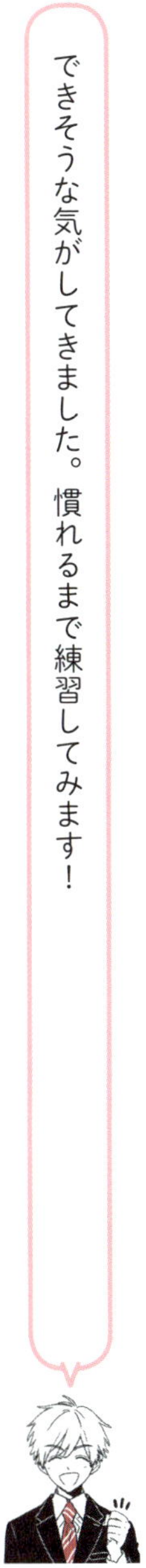
できそうな気がしてきました。慣れるまで練習してみます！

さて、次は「む」と「けむ」「らむ」との関係です。一言で言えば、これらは**推量の時間トリオ**です。「けり」と「む」とがくっついてできたのが「けむ」。だから、**「けむ」は過去と推量で過去推量**です。一方、「らむ」は、「あり」と「む」がくっついたもので、今あることへの推量を示します。なので、**「らむ」は現在推量**となります。

次は、「む」と「べし」「まし」との関係です。こちらを一言で言えば、**推量の強弱のトリオ**です。これらの助動詞は、未来や未確定な事柄への推測（＝「推量」）を基本的な意味としています。その中で言うと、「べし」が一番強く、語り手が「間違いない」と思った事柄に使われます。「む」は少し弱くて「たぶん～だろう」というイメージ。「まし」はもっと弱くて、あり得そうもない出来事が「まし」の上に来ます。ですから、「まし」は「反実仮想（ありえないことを想像する意味）」や「ためらいの意志（微弱な意志）」の意味を持つのです。

なお、「べし」は、**①「べきだ、はずだ」でまず訳してみて合えば終了→②合わなければ、弱めて「だろう」にする→③合わなければ、「のがよい」にする**と、七～八割までは当てはまります。数多くある「べし」の訳例を毎回すべて考えるのでなく、「む」の強調バージョンとして考えてみてください。

その次は、打消推量の助動詞ですが、これはもう簡単すぎる。**「む」の打消が「じ」、「べし」の打消が「まじ」**なのです。簡単でしょ？

ここまでの助動詞を図式化すると、次のようになります。

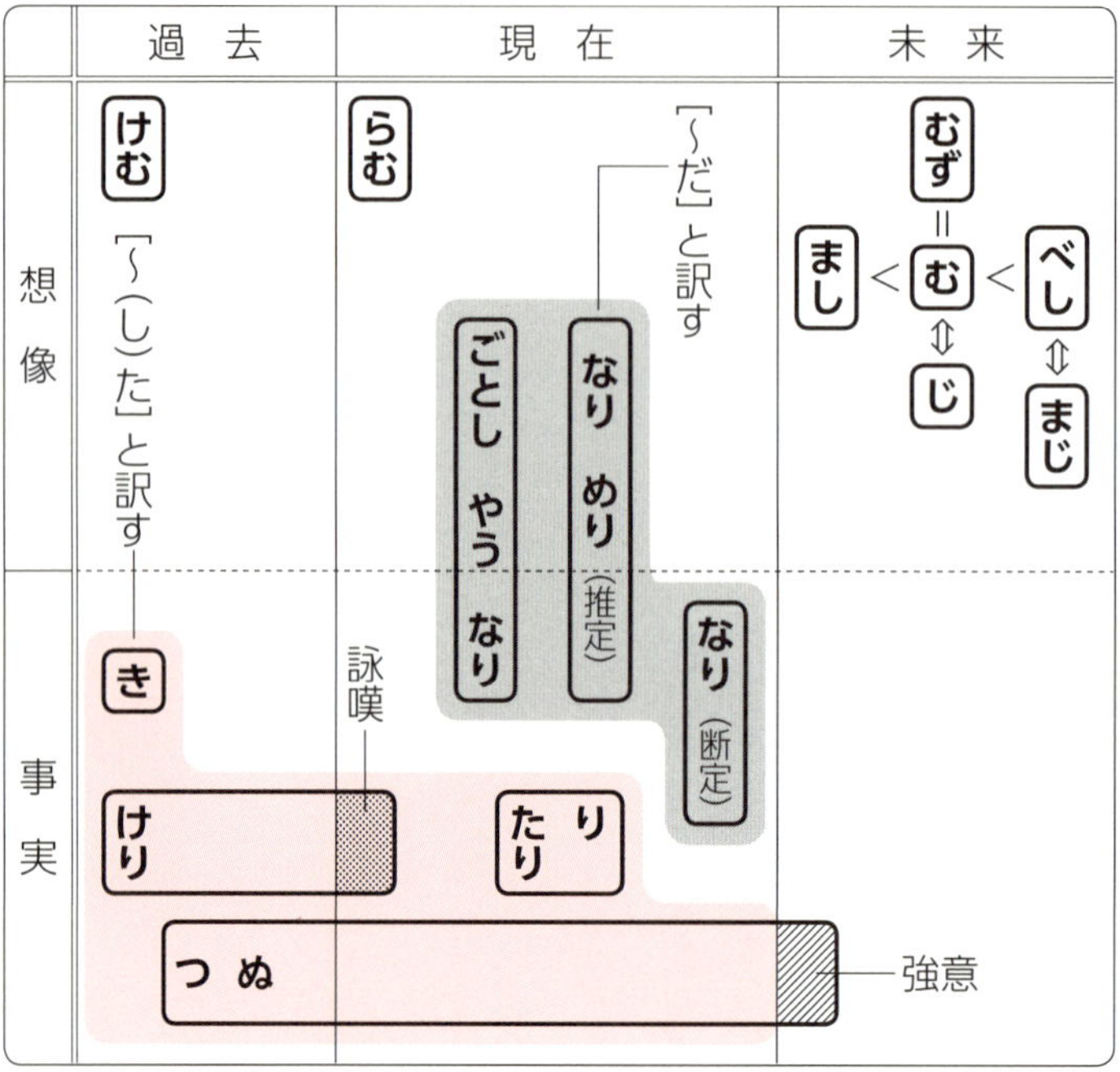

最後に、接続の話をします。以前にも言いましたが、これは覚えるしかないところなので、まずまとめておきますね。

推量系助動詞の接続

未然形接続……**む・むず・じ・まし**
連用形接続……**けむ**
終止形接続……**らむ・べし・まじ**
※なお、終止形接続の助動詞は、ラ変型活用語には連体形に接続します。

簡単に説明を加えましょう。助動詞「む」は未然形接続です。「むず」は、「む」に「とす」(助詞「と」とサ変動詞「す」)が付いたのが元々の形なので、当然、同じ未然形接続です。「じ」も「む」の打消系なので、同じです。

また、「けむ」は過去に関わる助動詞なので、「き」や「けり」と同じと覚えます。

「らむ」は「む」の時間トリオの一つですが、これらはみな違う接続なのだと覚えておきましょう。「べし」も終止形接続で、その打消系の「まじ」も終止形接続です。

3 断定とその周辺

次に頻度《ひんど》の高い助動詞は、文末に使われることも多く、推量系と好対照の助動詞です。

断定とその周辺の助動詞

断定の助動詞（間違いないと判断し言い切る）……**なり**・（**たり**）
推定の助動詞（根拠を持って確信した想像）……**なり**・**めり**
比況の助動詞（別のものにたとえる）……**ごとし**・**やうなり**

活用型はもうわかります！「なり・たり・なり・めり・やうなり」がラ変動詞と同じで、「ごとし」は形容詞と同じ、ですよね？

そのとおり。すばらしい！　楽な覚え方が身に付いてきましたね。では、文法的意味の話に入りましょう。これらの助動詞は、断定の助動詞とその周辺と考えてみると、理解がしやすいです。

> これは盗人の家**なり**。　訳 これは盗人の家**だ**。（『更級日記』）……述語が「○○だ」の形

このように、**「名詞句＋なり」**の形で述語を作るのが、「断定」の基本的な使い方です。断言するというよりも、**「主語＝述語」と定義するような形だ**と思ってください。**基本的な訳し方は「～だ、～である」**ですが、くだけた表現では「これは盗人の家」でも通るわけで、読解上そこまで重要視する必要はありません。また一覧表などには、断定の助動詞「たり」もよく載せてありますが、これは、ほとんど見ることはないので、すっぱりと忘れ

てしまいましょう（念のため、正確に言うと、断定「たり」は漢語の名詞句に接続して用いられるので、漢文訓読調でないとほとんど見ないのです。「我が校の生徒たる自覚を持って……」などの「たり」です）。

推定の助動詞「なり」「めり」というのは、それぞれ、聴覚情報による推定、視覚情報による推定です。根拠があるので「ほとんど間違いない」と発言者は思っているわけです。ですから**「ようだ、らしい」などと訳す**のが一般的です。ザアッと雨が降ってきた音を聴いて、「外は雨のようだ」と発言するような形です（これは雨の音という**聴覚情報にもとづくので「なり」**を使います）。でも、この現代語の文は「外は雨だ」でも充分に通じますよね。本当は「外は雨だ（と思われる）」なのですが……。要するに、推定の助動詞は「だ」のソフトなバージョンだと思ってしまえばいいので、丁寧に訳すなら「らしい」、面倒ならば断定と同じく「だ」としておけば文意はとれます。

また**「ごとし」「やうなり」**という助動詞は、別の何かに例える場合に使う助動詞ですが、これは**「ようだ」**という現代語を使っておけばすべて片が付きます。その中での、文法的意味に関しては区別しなくてかまいません。

4 受身と使役

内容理解に深く関わるので、注意しながら考えるべき助動詞が、受身と使役の助動詞です。

受身と使役の助動詞

受身などの助動詞……**る・らる**
使役などの助動詞……**す・さす・（しむ）**

あ〜、これマジで苦手なんですよね。文法力ないなあっていつも思います。

文法的に分けることと、内容を取ることとをきちんと分けて考えておけば、それほどキツい助動詞ではありませんよ。だって、「る」「らる」は現代語の助動詞「れる」「られる」とほぼ対応しますし、同様に「す」「さす」は現代語の助動詞「せる」「させる」と対応します。つまり、**「る」「らる」は「〜れる」「〜られる」で、「す」「さす」は「〜せる」「〜させる」で訳して話が通じている限り、そのまま**放置してしまえばいいのです。

現代語の、「私は先生が話さ**れ**た言葉に感動する。」や「先生が生徒に風邪をうつさ**れ**た。」の文の意味って間違えませんよね。たとえば、「先生が誰かに言われた」とか「先生が風邪をうつした」などというように。

たしかに、そういう誤解はしないですね。

ですよね。「あれ？　なんか変だな」と思わない限りは、そのままの理解でいいのです。それを文法用語で言えば、それぞれ尊敬と受身となりますが、理解している箇所を、問われてもいないのに、文法用語に置き換える

必要などないのです。

ただ、受身と可能の場合は「〜れる」「〜られる」で訳せるのですが、自発と尊敬が少し混乱しやすいので注意が必要です。

自発……「自然と〜する」→「〜ちゃう」と訳して通じる場合。
尊敬……「〜なさる」→上の動詞を「している」場合。

「自発」は、「故郷の母のことが思わ**れる**。」の「れる」ですが、現代では普通こう言いません。ですから、思い切って「〜ちゃう」にしてしまいましょう。これならうまくいきます。また、「尊敬」は「お〜になる」「〜なさる」と訳すのが一般的で、先に挙げた「先生が話された」（＝先生が言った）は珍しい表現です。なので、この二つは、「〜れる」「〜られる」で訳すとうまく合わなくて気持ち悪くなったり、主語を勝手に読み替えて誤読したりしがちです。改めてまとめれば、助動詞「る」「らる」については、こう処理しましょう。

る・らる

①**そのまま「〜れる」「〜られる」**で訳して、素直に理解できる場合　→**このまま。**
②変だと思ったり、文法的に問われたりする場合。
　a　**形で決める場合**
　・「仰せ**らる**」＝**尊敬**で取り、全体が「おっしゃる」の意味になる。
　b　**形で当てをつける場合**

・「知覚動詞＋**(ら)る**」→**自発**「～しちゃう」
・「～**(ら)る**＋打消」→**可能**「～できる」
・「他人に～**(ら)る**」→**受身**「～(ら)れる」
・「偉い方が～**(ら)る**」→**尊敬**「～なさる」

C　**主語と一緒に訳し分ける場合**

（動詞と「(ら)る」の間に「こと」を入れて）
・「○○ことをされる」→**受身**
・「○○ことをなさる」→**尊敬**
・「○○ことをしちゃう」→**自発**
・「○○ことができる」→**可能**

一方「す」「さす」ですが、こちらは現代語には「～せる」「～させる」という使役の意味しか残っていませんが、古文では、**使役**と**尊敬**とがあり、その点が混乱しやすい助動詞です。「る」「らる」はそのまま訳してもおおむね合うのですが、こちらは「～せる」「～させる」で訳しても合わないことが多いのです。そこで、次のように処理しましょう。

す・さす

①**形で決める**

・「〜**(さ)す**」の前後に尊敬語がない　→**使役**［〜せる、〜させる］

②**形で当てをつける**

・「**(さ)せ**給ふ」「**(さ)せ**おはします」　→**尊敬**［〜なさる］

（「出でさせ給ふ」→「出る」で主語と合致したら**尊敬**）

古文を読んでいると、②に書いた「(さ)せ給ふ」の形が多いのです。この場合、訳し分けるとかえって混乱しがちなので、まずは尊敬だと思うことにして、［〜なさる］あるいは、動詞だけで理解して主語と合致するかを確認しましょう。それで通じるなら尊敬で、通じなければ「〜させなさる」（＝〜させる）となります。

> 殿は、あなたに出でさせ給ふ。　訳 殿は、あちらのほうへ出なさる。（『紫式部日記』）

この一文の前後がないのでわかりづらいですが、［殿が出る］と考えて意味が通じます。この場合、「させ」は**尊敬**と考えていいということです。

第3節 文法【助詞】

助動詞もだいたいわかったし、次は助詞ですよね、完璧にしますっ!

気合いが入っているのに申し訳ないんだけど、助詞は、助動詞と違って活用もしないし、接続を覚えなければならないものも少ないんです。第一、ほとんどは現代語でそのまま訳せるので、肩の力を抜いて気楽にやりましょう。

まずは、接続を覚えておかないといけない助詞です。

ば・とも・ども

未然形＋**ば**……〔～なら、～たら〕**順接仮定条件**

已然形＋**ば**……①〔～ので、～から〕**原因理由（順接確定条件）**

……②〔～たところ、～すると〕**単純接続（順接確定条件）**

……③〔～するといつも〕**恒常条件（順接確定条件）**

終止形＋**とも**……〔(たとえ)～ても〕**逆接仮定条件**

已然形＋**ども**……〔～が、～けれども〕**逆接確定条件**

※「とも」は形容詞型の語や打消の「ず」に付く場合には連用形になります。

例 「悲し」+「**とも**」=「悲しく**とも**」

これらの助詞を正しく読むためにも、活用形の見分けは重要です。用言や助動詞に習熟しておきましょう。そうすれば、「暁《あかつき》より雨**降れば**、同じ所に泊まれり。」（『土佐日記』）を見て、「降れ」は已然形と気づき、［雨が**降るので**、同じ所に停泊した。］と理解できます。現代語に惑わされて［雨が降ったら］と理解すると下文に続きません。この「ば」の違いは、読解に大きく関わってきます。必ず覚えましょう。

次に説明する助詞も、接続を覚えておくべきものです。これらの助詞も、やはり内容理解に欠かせないので、しっかり覚える必要があります。

ばや・にしがな・てしがな・なむ・（も）がな

未然形＋**ばや**
連用形＋**にしがな**
連用形＋**てしがな**
……［～たい］**自己の願望**

未然形＋**なむ**……［～てほしい］**他への願望**

体言、形容詞など＋**（も）がな**……［～があればなあ、～たい］**実現性の低い願望**

特に、同じ未然形に付く「ばや」と「なむ」の訳の違いは頻出《ひんしゅつ》のポイントです。

次は、油断すると怖い助詞を確認しましょう。まずは係助詞「や」「か」です。

や・か

体言、連体形など＋**や**……**連体形。**
体言、連体形など＋**か**……**連体形。**
……①「～か」**疑問**
……②「～か、いや～でない」**反語**

これらの助詞は受ける箇所の末尾の語を連体形にします。そして、疑問か反語の意味を持ちます。

ああ、現代語の「か？」ですよね。それはわかります。でも、この疑問と反語って見分けづらくないですか？

たしかに、会話で「それでいいの？」なんて言われた場合も、単純に聞いているのか、それとも、間違っていると言いたいのかは、相手との関係や語調や表情で決まるものですし、たとえ流れがつかめていても、どちらの意味か決定することが難しいことはよくあります。ですから、シンプルに**「反語は答えを求めない」**、これで決めます。**相手に答えを求める場合を疑問**とし、**答えを直接に求めていない場合は反語**とするのです。少し自問自答気味であっても、はっきり答えを要求していない場合は反語にします。こう考えるだけでバッチリです。

相手に答えを求めているかどうか、ですね。

おまけで、「や」「か」と同じく係助詞に属する、「ぞ」「なむ」「こそ」の係り結びについても確認しておきましょう。

ぞ・なむ・こそ

体言、連体形など＋**ぞ**……**連体形。**
体言、連体形など＋**なむ**……**連体形。**
体言、連体形など＋**こそ**……**已然形。**
……［（訳なし）］**強調**

これらは強調なので、訳は普通の文と同じです。ただ一点注意してほしいのは、**「こそ」の結びが已然形**であることと、そのために命令文と誤解しがちだという点です。

さやうの事する者は、剛《かう》の者とは言はで、しれ者と**こそ申せ**。（『曽我《そが》物語』）

もちろん「そういうことをする者は、勇ましい者とは言わず、愚《おろ》か者と申します」というのが正しいのですが、「申せ」に引っ張られて、「愚か者と申し上げろ」と誤読しないように注意しましょう。

また、「だに」「さへ」という助詞も、現代語と混乱しやすいものです。

だに・さへ

体言、連体形、助詞など ＋**だに** ……①［（で）さえ］**類推**
……②［（せめて）～だけでも］**最小限**

体言、連体形、助詞など ＋**さへ**……［までも］**添加**

古語「だに」が［さえ］と訳す語で、古語「さへ」は［さえ］と訳さない、と理解しておきましょう。また最小限の用法は、**その下に「命令、意志、希望、仮定」の表現が来た場合だけ**に使われる用法です。

終助詞・間投助詞と呼ばれる助詞にも現代語と混乱しやすいものがいくつかあります。

な・や・か・（ぞ）かし

文末 ＋**な**……①［～てはいけない］**禁止**　②［なあ、ね］**詠嘆・念押し**

文末 ＋**や**、**文末** ＋**か**、**種々の語** ＋**かな**……［なあ］**詠嘆**

種々の語 ＋**（ぞ）かし**……［よ、ね］**念押し**

「な」の禁止（「寝るな!」の「な」）は現代語どおりですが、このほかに詠嘆の用法があります。というとまたウンザリするかもしれませんが、現代語の「寝てるなあ」の「なあ」が短くなったと思えばいいのです。また、「や」「か」に疑問などの意味があることは先に見ました。加えて、この意味も覚えておきましょう。これも考えてみれば現代語にある用法です。何かに気づいたときに「あ、そうか!」（地域によっては「そうや!」）と言いますね。あの「か（や）」なのです。あれは疑問でも反語でもないですね。つまり、これらの助詞は**文章が読めていると、間違えない助詞**なのです。この使い方があることさえ知っておけば。

ついでに乗せた「かし」は現代語だと「さぞかしお疲れのことでしょう」などと言う場合に使われていますが、私たちは文末には使いません。そのわりに古文では会話を中心によく見られますので、まあ見なかったことにしておけばいい助詞なのです。

たしかに現代語でも同じですね。これならなんとかなりそうです。ホントによかったあ。

最後に、助詞の中で唯一、用法名をしっかり問われることの多い助詞「の」に触れます。

の

体言、連体形など＋**の**……
①**主格**［が（、の）］
②**連体修飾格**［の、への］
③**準体格（体言の代用）**［のもの、のこと］
④**同格**［で（あって）］
⑤**連用修飾格（比喩《ひゆ》）**［のように、のような］

文法的に分けるのは少し面倒ですが、長文読解にあたってはそれほど難しくない助詞です。①〜③はすべて現代語でよく使うものなので、私たちは自然に読めます。それぞれ順番に、「雨**の**降る日」「雨**の**日」「これは僕**の**だ」の「の」なのですから。実は⑤も「花の都」といった少し古めかしい現代語には見られます。これについては、「例の（＝いつものように）」が慣用句なので覚えておくと楽ですよ。さて、残った④同格です。これも文法的には厄介《やっかい》ですが、読解上はまず誤読しない助詞なのです。

> 世にある僧ども**の**参らぬは、無し。（『宇治拾遺物語』）
> 訳 世の中にいる僧侶たち**で**参上しないのは、いない。

これが正しい訳で、同格の「の」は「で」と訳しておいて、その後にある連体形の下に「の」を補って訳していきます。少し訳が面倒ですね。また、見分ける際のポイントは、**「の」の上の体言を、後にある連体形の下に補うと文がきちんと訳せる場合**、ということになります。でも、この文を見て「僧ども」が「参らないことがない」、つまり「僧どもは来たんだ」と読めない人はいません。なので、たった一文で読み解けというのならいざ知らず、実際に文章の中に出てくると、たとえ文法的に間違っていても、内容は誤読しない用法なのです。安心して読み進めてくださいね。

このように、助詞を丁寧に見てくると、古文特有のもの、現代語と少しずれるもの、実は現代語にあるもの、くらいを意識しておけば充分だとわかりましたね。ほかのものは、ほとんど現代語どおりです。

今まであまり勉強したことがなかったけど、意外とカンタンでした！

助詞は、現代語と意味や使い方が異なるものを意識すれば充分だよ。

第4節 文法的識別問題の解き方

前節までに学習した「文法」をベースにして、この節では、実戦的な解法について学んでいきましょう。

共通テストには文法の識別問題は出ないって聞いたんですけど、これ必要なんですか？

文法的な識別は、たとえ直接に問われていなくても、現代語訳の問題に含まれていますし、文章自体を読むうえでどうしても考えなければならないものもあります。だから、その考え方と、どうしても見分けるべきものに、念のため触れておきましょう。

まずは、識別する際の手順から。

文法的識別の手順

①**直上の語で判断する。**

例「咲か**ぬ**花。」→「ぬ」の上が**未然形**→「ぬ」は、**打消の助動詞「ず」**

「花咲き**ぬ**。」→「ぬ」の上が**連用形**→「ぬ」は、**完了の助動詞「ぬ」**

②下接する語から識別語の活用形を見て判断する。――①が通じない場合――

※動詞「晴る」は下二段活用なので、未然形と連用形が同じ。

例「晴れ**ぬ**空。」→「ぬ」自体が**連体形**→「ぬ」は、**打消の助動詞「ず」**

「空晴れ**ぬ**。」→「ぬ」自体が**終止形**→「ぬ」は、**完了の助動詞「ぬ」**

③意味内容から判断する。――①も②も通じない場合――

例「過ぎ**ぬ**なり。」→「ぬ」が打消「ず」なら、「過ぎ**ない**のだ」

→「ぬ」が完了「ぬ」なら、「過ぎ**たら**しい」

識別の多くは、①で決めます。ですから、識別すべき箇所にぶつかったときの鉄則は、**識別する語の上を見る**です。例に出した「ぬ」で言えば、こうなります。

未然形＋「ぬ」→**打消の助動詞「ず」**　例「咲か《未然形》**ぬ**花。」

連用形＋「ぬ」→**完了などの助動詞「ぬ」**　例「花咲き《連用形》**ぬ**。」

いつも、このように識別語の接続で判断できればいいのですが、現実にはそうもいかない場合もあります。その場合には②、要するに、**下接する語からさかのぼって識別する語自体の活用形を決める**のです。

「ぬ」＝打消の助動詞「ず」の**連体形**　例「晴れぬ《連体形》空《体言》。」
「ぬ」＝完了などの助動詞「ぬ」の**終止形**　例「空晴れぬ《終止形》。」

日本語は下の語が上の活用形を決めるので、「空」の上は連体形。連体形が「ぬ」となるのは打消なので、「晴れ**ぬ**空」は「晴れ**ない**空」という訳になります。また、「空晴れ**ぬ**。」は文末で「ぬ」が終止形。終止形が「ぬ」となるのは完了なので、「空が晴れ**た**」と訳します。

「上を見てから下を見ろ」ってことですね。

そのとおり。多くの識別語はここまでで判断できます。最後の最後の難関は③のパターンです。少し前後を見てみましょう。

笑ひなどして聞けば、かたはらなる所に、前駆《さき》追ふ車とまりて「荻《をぎ》の葉、荻の葉」と呼ばすれど答《こた》へざなり。呼びわづらひて、笛をいとをかしく吹きすまして、過ぎ**ぬ**なり。

笛の音《ね》の　ただ秋風と　聞こゆるに　など荻の葉の　そよと答へぬ

と言ひたれば、げにとて、

荻の葉の　答ふるまでも　吹き寄らで　ただに過ぎぬる　笛の音ぞ憂き

（『更級日記』）

姉と筆者が夜中に起きて体験した出来事を描いた場面です。自邸の隣（＝かたはらなる所）に牛車が止まります。「荻の葉」というのは隣に住む女性の通称。「呼ばすれど」とあるので、恋人の男は家来の「前駆」を使って呼ばせています。「答へざなり」が少し難しい表現ですが、「答ふ＋ず＋なり」が「答へざるなり」となり、その「る」が撥音便《はつおんびん》（＝「ん」のこと）になって「答へざんなり」、さらにその「ん」を書かなくなって「答へざなり」となったものです。**直上に撥音便無表記があればこの「なり」は伝聞推定の助動詞と決まり**ますので、「（荻の葉は）返事をし・ない・らしい」と訳します。

傍線部を含む一文に入りましょう。荻の葉が呼んでも出てこないので、困った恋人の男は、笛を吹きながら「**過ぎぬなり**」というのです。形では決まらないパターンです。「ぬ」には**打消**と**完了**の可能性があります。また「なり」も、連体形接続で**断定**の助動詞「なり」、終止形接続で**伝聞推定**の助動詞「なり」、と二通りの解釈が可能です。

A 「過ぎ **ぬ**（打消・連体形） なり（断定）」→「過ぎ・**ない**・のだ」
B 「過ぎ **ぬ**（完了・終止形） なり（伝聞推定）」→「過ぎ・**た**・らしい」

筆者たちは、牛車や男や前駆を直接には見ていません。それは、前文の「答へざなり」が明確に示しています。したがって、ここも、聞いて判断をしている、つまり**伝聞推定「なり」と考える**べきです。直後の歌でも**「過ぎぬる（＝通り過ぎた）」と書かれていますから、「ぬ」も完了**のほうがよい。**Bの解釈が適当**です。

こういう判断を求められる場合は、前後を丁寧に読み直す必要があります。厄介《やっかい》と言えば厄介ですが、文章を読んでいる最中であれば、意外と簡単に見えてきます。ご安心を。

第5節 単語【基本】

古文が、英語と同じように語学である以上、「文法」と同じくらい重要な要素が**「単語」**、つまり古語の意味や訳にあたるものです。これを避けては、まっとうな得点など望めません。「単語」の勉強には、実はいくつかのコツがあるので、その話から始めましょう。

1 単語帳の使い方

単語帳を集中的にやるのは、ある程度古文を学習してからにすること。

英語の長文を一つも読まずに、単語帳だけやる、という勉強法はどうですか？　たしかに、単語を覚えれば覚えた分だけ、長文をつっかえずに読める気はします。けれど、長文に触れていないと、決定的に英単語が入らないのです。いくらか読んでいるからこそ、「ああ、この単語、この前出たな」とか「以前にもやったのに、またこの単語忘れちゃった」などの悔しさとともに飲み込めるし、そうであるからこそ覚えられるのです。

ですから、古文の勉強の最初に単語帳をやるというのはおすすめしません。**夏休みにしっかり、一回から二回やり、冬頃から徹底的にやるのがおすすめです。**もちろん、日頃の古文の勉強の際に、辞書を引くなと言っているのではありません。むしろ、**普段の勉強では、辞書を使うべきだ**と言いたいのです。辞書には、原義や類語との違いについても説明が多いし、その語が訳語をたくさん持つにいたった理由（「派生」の理由ですね）もよく載っています。この点では、単語帳は辞書になかなかかなわないのです。だから、日頃は場当たり的に、今解いている古文に出てきた単語を辞書で調べてください。夏くらいまではそうしておくほうがいいでしょう。そして、冬頃から、単語帳――誰かが出る確率が高いと思った単語をセレクトしたもの――で、**覚えているかどうかをチェックしていく**のです。

あせらなくていいってことですね。気持ちが楽になりました。

2 形容詞を中心に

単語は、形容詞を中心に押さえる。

現代語と古語との語彙《ごい》面での大きな違いは、形容詞の量です。**現代語は動詞が多いのに対して、古語は形容詞が多い**と言われます。「単語帳」を見れば、載せられている語句の多くは、たしかに形容詞と形容動詞です。現代が新しいツールに応じて新しくそれをおこなう言葉を生み出すのに対して、古文の時代は、同じ感受性を共有している（と信じている）時代で、だからこそ、繊細な形容語の使い分けをするのだと思われます。

たとえば、「優美だ、上品だ」と訳す古語には「あてなり、優なり、艶《えん》なり、なまめかし、やさし」などがあります。これは、彼らが使い分けたニュアンスが現代語にはなりにくいということです。ニヤリ。そうなんです、逆に言えば、これらは**全部同じ訳語だとまとめてしまえばいい**のです。これらの語の微細な違いを読解させるのは、大学入試のレベルではありえません。

ほかにも「清らなり」「清げなり」についても「美しい、華麗だ」などと訳されます。辞書などに、『源氏物語』では、超一流と一流とで「きよらなり」と「きよげなり」が区別されて使われている、と説明のある場合もあります。しかし、これもまた、大学入試のレベルでは不要なのです。作品が違えば、そういう繊細な使い分けは変わってしまう部分も多いですし。

そうなんですね。

どうせ後でしっかりやるから、まずはざっとイメージをつかむか、くらいの気持ちで、受験古文の難敵である形容詞・形容動詞に立ち向かいましょう。

3 「原義」を押さえる

「原義」を押さえ、どうして訳語例が「派生」するのか、そのプロセスを知る。

また、生徒からよく「単語の、いい覚え方はないですか?」とか「古語は一つにたくさんの訳があって覚えられません」などと言われます。丸暗記こそが勉強だ、などと無理していませんか? **言葉は、もともと一つの意味があって、それが派生していろんな意味を持つようになった**のです。ですから、まず原義をつかむことから始めましょう。そして、それが多数の訳語例へと派生した「プロセス」を理解するのです。いつも生徒にアドバイスするのは**「覚える前に考えろ」**ということです。

たとえば、**「あやし」**という超重要古語があります。一般には、「不思議だ、身分が低い、粗末だ、怪しい」などと訳語が並べられます。この語で言えば、原義は**「いつもと違うものへの違和感」**なので、「不思議だ」がもともとの意味なのです。ところが、古文の書き手の多くは貴族たちですから、彼らの感覚が前面に出て、庶民を見ると「あやし(不思議だ=私たちと違う!)」と使うのです。そのうちに「身分の低い」こと自体を「あやし」と言うようになり、また庶民の持ちものはたいてい「粗末」ですから「あやし」=「粗末だ」となったのです。また、貴族から見た庶民への「違和感」が、異質なものへの「警戒感」まで高められると、「あやし」=「怪しい」となり、現代語の意味となるのです。先ほども述べたとおり、こういった「派生のプロセス」を辞書で確認しておきましょう。それが、「急がば回れ」式古文単語攻略法です。

問題

次の文章は、筆者が友人の女性と清水寺へ行ったときのことを書いたもので、隣の部屋に知人の男性がいるのに気付き、いたずらをしようとする場面である。これを読んで、傍線部の現代語訳として最も適当なものを、後の①~④のうちから、それぞれ一つずつ選べ。

「昔見し人などの詣であへると思はせて、はからむ(=昔の彼女がたまたま参詣していると思わせて、だまそう）」などいひて、人の多く詣でて騒がしきに、書く所もおぼえず、暗きに、硯《すずり》求めて、あやしき人して、「京より」とて、やる。いそぎ出でて、見るなり。「あやし、あやし」と、たびたびいふなり。

（『四条宮下野集』）

ア ① 不思議な　② 身分の低い　③ 粗末な　④ 怪しい

イ ① 不思議だ　② 身分の低い　③ 粗末だ　④ 怪しい

傍線部アを含む箇所は、「『あやしき人』をつかい、『都からの手紙です』と（嘘を）言って、送る」といった内容になります。**筆者たちが、自分たちの素姓がわからないように「使い」を通して手紙を送る場面**なのですから、不思議な人や怪しい人を使っては相手に警戒されてしまいます。元カノのふりをしようとするのですから、変人を使いになんてしませんよね。となると、②か③か。「人」にかかることを考えると、**②「身分の低い」が正解**です。「粗末な」という言葉は「人」に使う言葉ではないし、よく考えると意味不明ですね。身分の低い人を使いとして手紙のやりとりをするのは、古文の世界ではよくあることでした。

傍線部イの後には「たびたびいふなり」とあり、「何度も言うのが聞こえる」といった内容になります。つまり、**「あやし」と言っているのは知人の男性**です。男性からすれば、参詣したお寺で、どの女性からかわからない手紙をもらったのです。お寺は勤行（仏道修行）をするところ、けっしてラブレターをもらったりする場ではありません。仏道からすれば、恋愛は悪なのですから。だからこそ、**男性は「なんで（お寺でラブレター）？」という違和感を持った**と考えられます。④「怪しい」がきわどいですが、これだと「なんか怪しいぞ」と勘づいたことになるのでダメ。**答えは①「不思議だ」です。**ちなみに、古文ではラブレターは「結び文」という形で、四季折々の植物などに結び付けるものでした。だから、見ればすぐにラブレターだとわかるわけです。

正解 ア② イ①

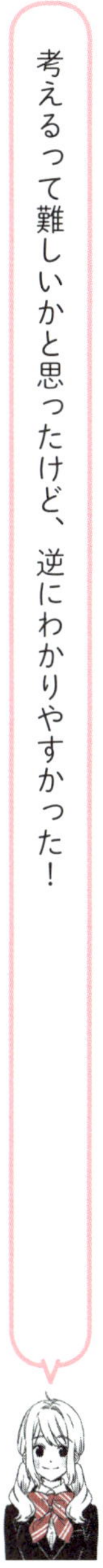
考えるって難しいかと思ったけど、逆にわかりやすかった！

巻末に必須の単語をまとめてあるので、活用してください！

第6節 単語【応用】

単語学習の基本は、もう押さえましたね。前節で述べたとおり、原義を押さえ、派生のプロセスを理解することでした。それでは、次にみなさんの前に立ちふさがる「単語」に関わる問題について、その対処法をお教えしましょう。

問題を解いていると、直訳を選んだほうがいいのか、意訳を選んだほうがいいのか、わからなくなることがめちゃくちゃ多いんです……。

「直訳か、意訳か」という受験生の多くが抱える問題が出て来ましたね。でも、「意訳」って何でしょう。

「直訳」は、辞書や単語帳に載っている訳で、「意訳」は、その部分に合う訳ですよね。

ち・が・い・ま・す！「直訳」のほうはまあいいとして、**「意訳」とは、その語義の範囲内で文章に合わせた訳**のことです。定義ばかりでは難しくなりますから、まず、次の問題を見てください。

問題 次の文章を読んで、傍線部の意味として最も適当なものを、後の①〜⑤のうちから、一つ選べ。

大将殿、年若くおはして、何事もすぐれたる人にて、御心ばへもあてにおはして、昔はかかる人もやおはしけむ、この世にはめづらかに、かくわざと物語などに作り出《い》だしたらむやうにおはすれば、<u>やさしくすき</u>ずきしきこと多くて、これかれ、袖《そで》より色々の薄様《うすやう》に書きたる文の、引き結びたる、なつかしきども、二つ三つばかりづつ取り出だして、常に奉りなどすれば、

（立教大・改『今鏡』）

① 親切で　② 誠実で　③ 感心で　④ 優雅で　⑤ 立派で

大将殿について述べている箇所です。この人は、どの方面にもすぐれた人で、性格（＝「御心ばへ」）もよくて、くらいは読めましたか。その次の「昔はかかる人も〜」あたりからが少し読みにくく、話の内容があいまいになりそうなところです。そこに出てくるのが、この傍線部。

「やさし」はちゃんと覚えましたよ。古今異義語だから、現代語の「やさしい」ではなくて、［優美だ］と［殊勝だ］の二つです。

その記憶は単語帳レベルの知識として正しいね。でも、古語の「やさし」には、現代語と同じ［やさしい］の訳語もあるし、［(痩《や》せるほど) つらい］という訳語もあります。現代語と同じ訳は、出題されにくいというだけで、ハイレベルの入試では、現代語と同じ訳が正解になることもあります。

まとめてみると、「やさし」という古語は、次のようになります。

原義 **痩せるほどに動く心の状態**

❶（痩せるほどに心理的に）つらい
❷（痩せるほどに心配りが細やかで）優美だ、上品だ。
❸（痩せるほどに配慮する下位の者が）殊勝だ、けなげだ。
❹（痩せるほどに弱者への思いやりがあり）やさしい。

それでは、選択肢を検討しましょう。①の「親切で」は【❹やさしい】の言い換えと見てよいでしょう。②の「誠実で」は、真心があることを指すので、一見【やさしい】に似ています。③の「感心で」は【❸殊勝だ】の言い換え。④の「優雅で」は【❷優美だ】とほぼ同じです。⑤の「立派で」は相手をほめた語なので、この文章の流れに合いそうです。

このように選択肢を見比べて、**「直訳か意訳か」と悩むのは、はっきり言ってダメです！** 現代語「誠実だ」は［嘘をつかない］という意味ですから、必ずしも思いやりを示すとは限りません。また、「立派だ」も古語「やさし」の原義にあたる［心が動く］意味合いがないのです。この二つは、いくら文脈上入りそうに見えても、正解となることはありません。**原義から外れたものは「意訳」ではない**のです。

え！ 違うの？

残りの三つのどれかが正解です。先ほど保留した直前部は「昔はこのようにすぐれた人もいらっしゃったのか

しら、今の時代にはほとんどいなくて、わざわざ物語などで創作した人物のようにすばらしい方でいらっしゃるから」という趣旨です。今で言えば、マンガやドラマの登場人物級にかっこいいというのです。だから**「やさしくすきずきしきこと」が多い**という文脈です。「すきずきし」は「風流だ、好色だ」などと訳される言葉で、恋愛や風流に強く心を惹《ひ》かれるという意味です。この語と並列されていることの意味を考えましょう。また、続く箇所では手紙がたくさん届いています。「引き結びたる」とあるのは、いわゆる「結び文」＝ラブレターのことです。ここまで来ればわかりますよね。「親切なことが多い」のでもなく、「感心だと思うことが多い」のでもなく、**恋愛という「優雅なことが多」かった**のです。

正解・④

今見てきたように、文章の流れに合いそうな選択肢に対して、「意訳かも」などと頭をムダに使わないでくださいね。**基本どおりに、それぞれの単語の原義をしっかり押さえて、まずそこで判断する**のです。あとは多少の現代語の力も必要になりますから、日頃からニュアンスの違いをしっかりかぎ分けてください。

その部分に入りそうな感じのものは、全部キープしてたから、選択肢選べなかったのか。じゃあ、やっぱり原義を押さえることがポイントなんですね。

第7節 現代語訳問題の解き方

前節までの単語の学習をベースにして、この節では、実戦的な解法について学んでいきましょう。

単語の勉強のやり方はなんとなくわかったけど、実際の問題になると、時間もかかるし、あんまり答えが合わないんですよね。

たしかに、イメージや原義は押さえていても、まだ「直訳」をしっかり頭に入れていない時期には、時間がかかるでしょうね。本当は、入試というゴール地点で得点力になっていればいいのだから、今時間がかかることは気にしなくていいよ。でも、まあ、途中で成果を得たいのもわかります。なら、どうすれば現代語訳問題を効率よく解けるのか、という実戦的な手順を教えましょう。

解き方の手順

①本文を読み始める前のチェックポイント　―軽めに―

・傍線部の中にある、重要な**文法事項**や**語句**

・**敬語**、**終助詞**（願望と禁止）、**副助詞**「**だに**」「**さへ**」。

・**重要古語**（特に、古今異義語に注目）、**慣用句**。

②本文を読み進めて傍線部に出会った場合のポイント　―**逃げるもアリ**―

・①で絞《しぼ》った**選択肢の吟味《ぎんみ》**。

・自力で解答を作れたもの→選択肢を吟味して解答する。

　→選択肢を見て迷うなら、③へ。

※自力で解答が作れないものは、チラ見してから③へ。

③二読目に回した選択肢を吟味する。

・なるべく**長めに読み直して**、選択肢を吟味する。

・**ムキにならない**。

実は、現代語訳問題というのは、難易度のばらつきがある分野なのです。その大学や学部によっても差があるし、一つの入試問題の中でも、平易なものと難解なものとが混じる場合も少なくありません。だから、「現代語訳＝平易」と先入観を持つと、意外と時間がかかってしまうのです。

そこで、第一段階は**「事前チェック」**。ここは、少しでも排除できる選択肢があればいいな、という程度です。深追いは禁物ですし、結論を急いでもいけません。確実に誤答を外すことを心がけましょう。

第二段階、つまり傍線部にぶつかったときの処理の仕方のポイントは、**「迷ったら、後回しにしろ」**です。自力で答えの方向性をつかんでいるものやチラッと選択肢を見たら「あ、これだ！」とわかる場合には選択肢を選びますが、意外と迷う場合も多いのです。もしかしたら、後文の情報がないと解けない設問かもしれません。いずれにしても、選択肢を吟味すればするほど、本文から目が離れるので、その時間をなるべく少なくするイメージで、わかったものだけ解くのがこの段階だと割り切ったほうが、結局効率がよいのです。

第三段階つまり二読目まで持ち越した設問ですが、これはもともと自分との相性が悪い問題なので、時間をかけたからといって解けるとは限りません。配分した時間内で終わらせる割り切りが必要です。

ボスキャラじゃなくて、雑魚《ざこ》キャラを確実に倒してレベルアップするイメージですね。

そのとおりです。では、実際にやってみましょう。

問題　**次の文章は、『恋路ゆかしき大将』の一節で、恋路大将が大風の吹いた翌朝に参内《さんだい》し、帝がいるという藤壺に向かった場面である。これを読んで、傍線部の現代語訳として最も適当なものを、後の①〜⑤のうちから、それぞれ一つずつ選べ。**

なほけしき異にて気高う、匂《にほ》ひも光も類なき御さまは、姫宮にこそはおはしますめれ。よろづのことに騒がず鎮《しづ》まる御心も、ただ今はいかがはあらん、深く心騒ぎして、おどろかれ給ふ。我が上の空にもの憂《う》く浮きたつ心は、この御さまなどを朝夕見奉らんにも慰めなんかし、さりとて当時（＝現在）、世の常に思ひ寄るべき御年のほどならねど、ア ただまぼり奉らまほしきに、「あはれ、雛屋《ひいなや》に虫のゐよかし。一つにあらば、いかに嬉《うれ》しからん」とのたまへば、二宮、「あらわろや。苔《こけ》や露も入れさせ給はば、雛のため、いかにうつくしからん」と笑ひ聞こえ給へば、げにと思したるさまにて、イ まめだち給へる御まみのわたり、見る我もうち笑まれて、幾千代まぼるとも飽く世あるまじきに、おとなしき人参りて引き直しつれば、口惜しうて歩み過ぎ給ふ。

藤壺（女御）＝上（帝）
　二宮
　姫宮

（センター試験・改）

ア「ただまぼり奉らまほしきに」

① 恋路大将は二宮・姫宮の兄妹を後見していらっしゃったが
② 姫宮が雛屋を一途に見つめ続けていらっしゃると
③ 恋路大将は姫宮をしっかりお守り申し上げたが
④ 恋路大将は姫宮をひたすら見つめ申し上げたく思っていると
⑤ 二宮は妹の姫宮を何とかお守り申し上げたいと願っていたが

イ「まめだち給へる御まみのわたり」

① 本気になっていらっしゃる御顔つき
② 正直さをあらわしていらっしゃる御まなざし
③ 真面目《まじめ》な顔をなさっている御めもと
④ お健やかな様子がうかがわれる御表情
⑤ 懸命さを漂わせておられる眉間《みけん》の御様子

さて、「事前チェック」すべき語句はどこでしょう。**ア**だと**「まぼる」「奉る」「まほし」**、**イ**だと**「まめだつ」「給へる」の品詞分解、「まみ」「わたり」**です。このチェック箇所が同じであれば合格です。

具体的に見ると、「まぼる」は「目《ま》+守《も》る」などと説明され、単に守ることよりも「見る」ニュアンスが強く出る語です（守《まも》る意の古語は「守《も》る」です）。なので、「見つめる、見続ける、監視する」などと訳します。「奉る」は謙譲の補助動詞、助動詞「まほし」の文法的意味は願望です。「まぼる」に関しては、「守る」の③⑤が怪しいですが、当然この意味もあるので△。「奉る」では、①②が尊敬語の訳で×。答えは③④⑤のどれかです。「まほし」の訳で④⑤に絞られます。ここまでで「事前チェック」を終えます。

⑤は「守る」が現代語と同じだから、④を選べばいいじゃないですか。

たしかに、④のほうが入試っぽいですね。でも、入試の中には、現代語と同じ訳をあえて問う意地悪な設問もあります。ここでは、「主語が違うな」などと違いを押さえて、後は文章を読んで決めましょう。

ここは、「匂ひも光も類なき御さま」を見て、姫宮だと推定した場面から始まります。「よろづのことに騒がず鎮まる御心も、……深く心騒ぎして」とは、いつもは冷静沈着なのに、今回は姫宮を見て「心騒ぎ」がしたというのです。二宮は兄ですから姫宮を見て動揺はしないでしょう。リード文も含めれば、**恋路大将が姫宮を見て心乱れた場面**だとわかります。また、傍線部の直前には、「我が上の空にもの憂く浮きたつ心は、この御さまなどを朝夕見奉らんにも慰めなんかし」とあり、「この御さま」をいつも見られれば、私の心は慰められるだろう、という内容になります。恋路大将が姫宮に惹《ひ》かれている場面です。ここまでくれば、「まぼり」たいのは恋路大将と決まります。したがって、**アの正解は④**になります。

イは、「まめだつ」が真面目な態度でいることを指すので、①③が該当します。②「正直さ」は嘘を言わないだけで必ずしも真面目とは限りませんし、④「お健やかな」は健康だの意ですから、やはり合いません。⑤「懸命さ」は必死なのであって真面目とは異なります。ただ、このあたりは厳密に分けなくても、まずは緩く④くらいが排除できればいいのです。

「給へる」はハ行四段の補助動詞「給ふ」の已然形（命令形）に、完了の助動詞「り」の連体形が付いた形なので、尊敬語で訳します。となると、④「うかがわれる」は敬語がないので×。続く名詞「まみ」は、目もとやものを見る目つきを指す語なので、③がほぼ決まり。⑤「眉間の御様子」が少し重なりそうですが、やはり眉の間に限定をかけると、合いません。こちらは「事前チェック」だけで、**イの正解は③**と決められます。

えー、すごい！　事前チェックだけでわかっちゃうの!?

念のため文脈を確認すると、人形遊びをしながら、「その家にも秋の鳴く虫がいたらうれしい」と言う姫宮に対して、兄の二宮が、虫だけでなく苔や露も入れると、人形用の家がリアルになるという趣旨の発言をしています。その際に「げに（＝なるほど）」と思っているのが姫宮ですから、兄のからかいを真面目に受け取る幼い姫宮の様子が描かれています。傍線部イの後は、その様子を見て微笑んだ恋路大将が、ずっと見ていたかったが、年配の女房が御簾《みす》を下げたので、もう姫宮が見られなくなり、立ち去るという展開です。

正解　ア④　イ③

選択肢の実戦的な絞り方、わかりましたか？　意外と決めつけないことが大事なのです。

第8節 主体を考えて読もう

1 「文の構造」を意識する

文法もフツーに完成した。単語もまあまあやった。なのに、古文がぜんっぜん読めるようにならない！ とか、古文は読めるときと読めないときの差が激しすぎる！ なんていうみなさんの声を、本当によく耳にします。それは、なんにも考えずに古文を目で追っているだけだからなんです。目に付いたところだけで文章全体を作り上げようとする読み方は、しょせんインチキです（ま、たまには当たりますけど）。古文を読めるようになるために一番大事なことは、**「考えながら読む」**ことなんです。

今だって、ちゃんと品詞を考えて、きちんと訳そうと考えたりしてますけど。

そこが大きな間違い！ 「とにかく考えながら読む」とか「文法を緻密《ちみつ》に確認しながら読む」というのはよくありません。考えるべきポイントがずれているのです。

文章

今は昔、竹取の翁《おきな》といふものありけり。野山にまじりて、竹を取りつつ、よろづのことに使ひけり。

文

今は昔、竹取の翁といふものありけり。

単語

今《名詞》 は《助詞》 昔《名詞》、竹取《名詞》 の《助詞》 翁《名詞》 と《助詞》 いふ《動詞》 もの《名詞》 あり《動詞》 けり《助動詞》。

みなさんの多くは、古文といえば文法が大事で、そこをしっかりやったのだから、それを考えながら読もうとします。たしかに、古文は単語の区切れ目がわかりづらく、それが読めない原因の一つになっています。だから、文法はやっぱりやらなきゃだめです。でも、そこにこだわりすぎるのは、得策ではありません。まるで、一つひとつの品詞を確認しながら英語の長文を読むような感じです（こんなふうに英語読まないでしょ）。

重要なのは、**単語より一つ大きなレベル**――**「文の構造」**――**を意識しながら読む**ことです。

「文の構造」って何ですか？　難しそうなんですけど。

読むために必要な事柄だけを簡単にまとめてしまえば、次のようになります。

主語…文の成分で、**「何が」「誰が」**にあたるもの。
述語…文の成分で、**「どうする」「どんなだ」「何だ」**にあたるもの。
連用修飾語…文の成分で、**「何を」「誰に」「どこへ」**などのように、**述語にかかって意味を限定する**もの。

主語（何が、誰が）→**述語**（どうする、どんなだ、何だ）
連用修飾語（何を、誰に、どこへ、など）→述語

※この本では、連用修飾語と言わず、**「目的語」**と呼びます。

文構造を捉えるとは、これらの要素で一文を理解することを指します。みなさんの慣れた「品詞分解」では、意味のつながりがかえってわかりづらくなります。そこで、意味のわかる最小単位である文節を理解の中心に据えるのです。ただ日本語の場合、主語が必ず書かれるとは限らないので、どちらかと言えば、述語をつかみ、その述語に対応する主語を考えたり、補ったりすることになります。一つ具体例を見ましょう。

男、かの女のせしやうに、忍びて立てりて見れば、（『伊勢物語』）

古文によく見られる形の文（「複文」と言います）ですが、赤線の囲みが登場人物で、「男」「かの女」という

二人が出ています。また、赤字が「述語」になりそうな動作です。これらを平板に眺めていてもどういう場面かよくわかりません。そこで、これを次のように頭の中でイメージしてみましょう。

主語　男 → **述語**　**忍びて**（述語1）　**立てりて**（述語2）　**見れば**（述語3）

目的語　かの女 の **せし** やうに、 → 述語

こうすれば、「忍びて立てりて見れば」が男性の行動だと一目瞭然です。要は、「男が、ひそかに立って見ていると」という内容になり、その様子の形容が「あの女がしたように」です。このように、動作をしっかりと意識することで、失敗しない古文読解ができます。その方針を次にまとめておきます。

古文読解の方針

① **登場人物のチェック**　→○で囲んで、その脇に「A、B、C」などと書き込む。

② **長文はブロック化**　→「～を、」「～に、」「～ば、」の下にスラッシュを入れ、そのブロックを分析する。

③ **述語の並列を見つけてから主語へ**　→「連用形＋て」は並列になる（主語が変わらない）ことが多い。
→並列される述語は線でつないでおく。

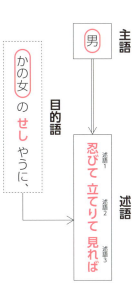

もちろん、文章が読めているときは無理に文構造を考えなくてもかまいません。でも、困ったときには、ぜひこれを使ってみましょう。**「習うより慣れろ」の精神**です。

ホントに品詞分解しなくていいんですか？

品詞分解したほうがいい文章だってもちろんあるけれど、「忍びて」を「忍び／て」と切っても、わかりやすくはならないよね。知らない単語は調べなければいけないけれど、そうでないなら「○○さんが、△△してる、ってことか」くらいで、どんどん読み進めたほうが文章の展開がわかりやすいのです。では、例題です。

問題

次は『落窪《おちくぼ》物語』の一節。「女君」を妻としている「中将」（男君）に結婚話が持ち上がった、という場面である。「衛門《えもん》」は「女君」に幼いときから仕えている侍女、「母北の方」は「中将」の母である。これを読んで、傍線部の主語として最も適当なものを、後の①〜④のうちから、一つ選べ。

「（男君の結婚は）月をさへ定めて申しはべる」と（衛門が）言へば、（女君は）心のうちには、この母北の方、強《し》ひてのたまふにやあらむ、さやうなる人のおしたてのたまはば、聞かではあらじ、と人知れず思《おぼ》して、心づきぬれど、つれなくて、のたまひやすると待てど、かけても言ひ出でたまはず。

（明治大）

① 女君　② 中将　③ 衛門　④ 母北の方

夫に結婚話が持ち上がっていることを女君が知る場面です。この当時は、男性が何人かの妻を持つことはよくあることでした。それは、けっして「女君」との離婚を意味するのではなく、ほかの女性とも結婚することを意味します。ただし、当然新しい女性との結婚によって、女君自身の地位は不安定になります。

さて、この問題ですが、読解のキーポイントは、**心内語の把握**です。

衛門は、中将の結婚話が単なる噂でなく、月日まで決まったと語ります。次に、それを聞いた女君が「心のうち」に思ったことが描かれます。あらためて「心のうちには（＝心の中では）」のかかる箇所を考えると、「考えた、思った」系統の言葉にかかることになり、具体的には「人知れず思して」の「思して」にかかるとわかります。「この母北の方、………聞かではあらじ」までが女君の心内語です（実際にかぎかっこを書き込んでみよう）。女君は、夫の母が強引にこの結婚話を進めているのかと思い、母がそこまで説得なさったら、「聞かではあらじ」と思います。これは［（母の説得を）聞かずにはいないだろう］の意で、主語は夫である「中将」です。夫が母からの説得を受け入れて結婚をするだろうと思っているのです。

そこから後の文を見ると、「心づきぬれど、つれなくて」とあります。［気づいたけれど、なんでもないふうに振る舞って］というのですから、ここは女君の行動です。「のたまひやすると待てど」は、係助詞「や」と連体形「する」とに気づけば「『のたまひやする』と（思って）待てど」となります。平静を装って待つのは女君。「のたまひやする」を丁寧に補って訳せば［夫は結婚の件を私におっしゃるかしら］です。結婚するのは仕方がないと割り切りつつも、それを隠さずに言ってくれるかどうかで夫の自分への気遣いの深さを測ろうとする女君の姿に気づかされます。切ない場面ですね。このように文脈をたどってみると、設問の箇所「かけても言ひ出でたまはず（＝少しも口になさらない）」の主体は見えてきます。**妻のほうは言ってくれるかと待っているのに「言わない」のは、夫のほうなのです。**

正解・②

このように、前後の文脈をたどる、言い換えれば、**述語を軸にして主語を意識することが古文の文章理解に最も重要**なのです。先の手順をしっかり身に付けましょう。

2 敬語からのアプローチ

古文を「主語―述語」に注目して読むのはわかりましたけど、主語って省略されることが多いですよね。

そうですね。前項でも言ったように、古文では、主語がかなり省略されます。でも、私たちの日常会話って、もっともっと主語を省略しますよね。「部活行く？」「ああ」みたいな。なぜ通じるんだろうと考えてみると、古文を読解するヒントがあるように思うのです。お互いの関係、その場の状況などでわかると思えることは省略されやすいものです。だから、古文に触れる場合にも、「省略されているから、可能性を全部考えよう」ではなくて、**「なぜ作者は省略しても主語がわかると思っているんだろう」**と考えたほうが有効です。言い換えれば、**主語が省略されている箇所は、少なくとも作者にとっては「言わなくてもわかる」と思える箇所なのです**。そこで、古文の主語が省略されやすい場合を列挙すれば次のようになります。

①**前文の主語と同じ**である場合
②主語が**主人公**の場合
※日記は、筆者が主人公なので、「私は」という主語は省略されやすい傾向があります。
③**敬語**で判断の付く場合
④**文脈**で判明する場合

なるほど。書かれていないことがヒントになるんですね。でも、「敬語」でわかるってどういうことですか？

古文の世界は身分制社会なので、現代よりも敬語が多用されます。では、実際の文章で考えてみましょう。

問題 **次の文章を読んで、傍線部の主語として最も適当なものを、後の①～④のうちから一つ選べ。**

昔、奈良の帝《みかど》につかうまつる采女《うねめ》ありけり。顔容貌《かほかたち》いみじう清らにて、人々よばひ、殿上人などもよばひけれど、あはざりけり。そのあはぬ心は、帝をかぎりなくめでたきものになむ思ひたてまつりける。帝召《め》してけり。さて後《のち》またも召さざりければ、かぎりなく心憂《う》しと思ひけり。

（『大和物語』）

① 奈良の帝　② 采女　③ 人々　④ 殿上人など

まずは、「奈良の帝」とお仕えする「采女」の二人が出てきます。「采女」とは特別な役職にある女性ですが、ここでは、近くに仕える女性だとわかれば充分。続く「顔容貌いみじう清らにて」は、前文の主語と同じなので「采女」のことだとわかります。次に、「人々」や「殿上人なども」が「よばひ」とあります。

よばふ……［ハ行四段］❶求婚する。❷呼び続ける。

直前部に采女の美貌が書かれているので、❶求婚する、がふさわしいですね。ただ、「求婚する」というのは、今だと「付き合ってくれと申し込む」くらいの意味なので、少し軽く考えておきましょう。

話を戻すと、人々や殿上人などが采女に求婚した際に、「(よばひけれど、) あはざりけり」とは、采女が求婚されたけれど断ったと考えれば通じます。「殿上人」というのは、宮中の殿上の間に昇ることを許された一流貴族ですから、その求めに応じないのはよっぽどのことでしょう。そう思わせておいて、作者は次に「そのあはぬ心は……」と、理由を語り出します。「帝をかぎりなくめでたきものになむ思ひたてまつりける」というのがその箇所です。この文は主語がありません。でも、**采女が求婚に応じない理由の説明ですから、当然、主語は「采女」です。**

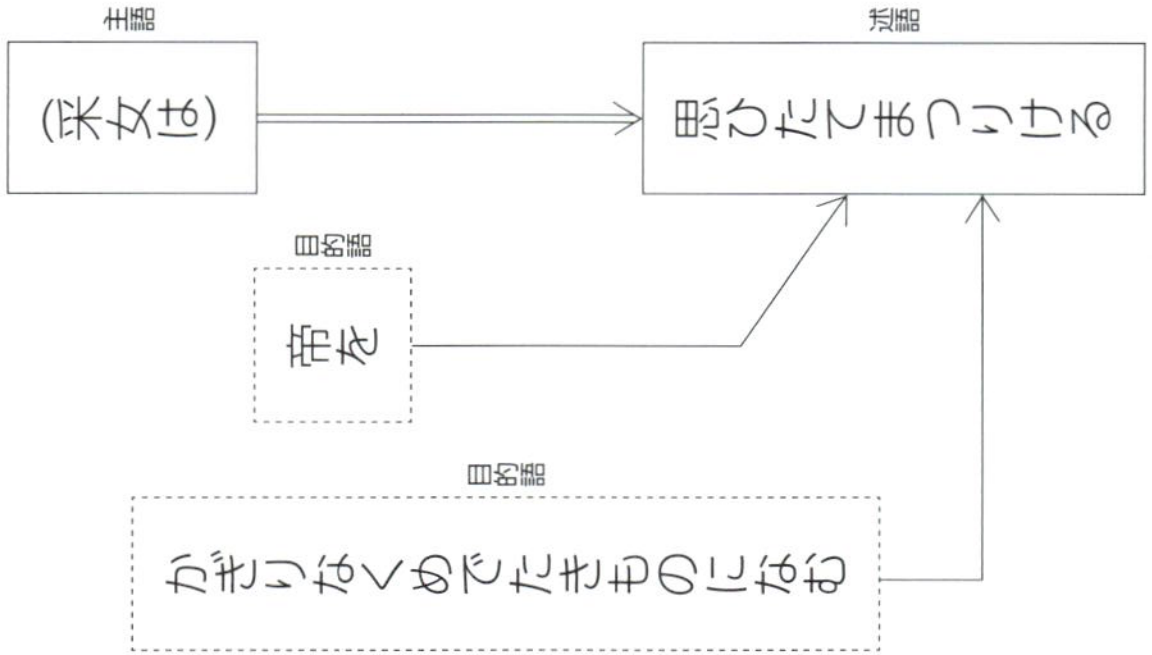

文構造を図式化すれば、このようになります。さて、ここで少し脱線しますが、敬語について確認しておきましょう。

敬語を攻略するためのポイント

①三十語程度の敬語を、それぞれ**「尊敬語」「謙譲語」「丁寧語」**と分けて覚える（☞318ページ）。
②**敬意の方向**の仕組みを理解する。
③実際の文章で、**主語や目的語**を正確に捉える。

敬意の方向

①誰の（＝誰からの）敬意か

・**地の文**の場合→**作者**（**語り手**）の敬意

・**会話内**の場合→**発言者**（**＝話している人**）の敬意

②誰に対する（＝誰への）敬意か

・**尊敬語**→**主語**に対する敬意

・**謙譲語**→**目的語**に対する敬意

・**丁寧語**→**聞き手**に対する敬意

（「地の文」なら読者、「会話内」なら会話の相手）

殿、 姫を 見**たてまつり**（謙譲語） **たまふ**（尊敬語）。

「たてまつり」＝作者から「姫」への敬意。

「たまふ」　＝作者から「殿」への敬意。

敬語については、まず単語を覚えないと何も始まりません。最も頻度《ひんど》の高い〝最〟重要古語ですから覚えてください。次は、今載せた「敬意の方向」です。これは非常にシンプルにできているので、難しくありません。主語や目的語をつかんだら、**尊敬語は主語敬い**、**謙譲語は目的語敬い**、これでいいのです（僕は、尊敬語（＝ローマ字でS）は主語（S）を敬う、と教えています）。丁寧語は文の構造に関係ないので、主語や目的語がわからなくても大丈夫、ということですね。

さて、この場面では、「采女が、帝を、思ひたてまつりける《謙譲語》」ですから、**謙譲語は目的語敬い**、の法則で、帝への敬意だとわかります。もちろん地の文ですから、作者の帝への敬意です。つまり、作者は帝へ敬意を払っているのだとわかります。続く文では、「帝召して」とありますが、こういうのも初心者のうちは、怖いですよね。「帝が召す」のか、「帝を召す」のか……。でも、大丈夫！　敬語がわかればカンタンです。

召す……［サ行四段］❶お呼びになる。❷取り寄せなさる。❸召し上がる。❹お召しになる。❺お乗りになる。

などと訳す尊敬語です。ということは、**尊敬語は主語敬い**、の法則で、敬われている人を主語にします。つまり、「帝」を主語にすればいいのです。「帝が（采女を）お呼びになった」というのがいいですね。念のために言っておきますが、この場面は恋愛（＝結婚）が話題なのですから、この場合の「呼ぶ」も二人が関係を持った（デート した）、と理解してくださいね。

続く箇所も「またも召さざりければ」と尊敬語が使われているので、「（帝が）（采女を）お呼びにならなかったので」となります。さて、その次が傍線部「かぎりなく心憂しと思ひけり」です。「憂し」は憂鬱《ゆううつ》の憂が当てられるように、つらい気持ちを指す語ですから、傍線部は、「この上なくつらいと思った」という内容になります。

さて、「帝がつらいと思った」のか、「采女がつらいと思った」のか、どちらがいいでしょう？　ここでも、敬語を使いますよ。

帝が呼べなくてつらいなあと思うこともありそうだし、呼ばれなかった采女でもよさそうだし、ここちょっとわかりづらいですよね。でも、ここに敬語ないですよね？

たしかに、敬語はありません。それを利用するという敬語理解の最終奥義のような手を使います。**もし帝が主語なら、今までどおりに尊敬語を使う可能性が高い**ですよね。そうであれば、「思ひけり」ではなくて、「思《おぼ》しけり」あるいは「思し召しけり」などとなります。ところが、ここは**主語敬いなしの「思ふ」**なのです。だからこそ、**主語は敬意を払われない人物、つまり采女**とわかります。

正解・②

敬語を使って主語を考える方法、わかりましたか？「わかったけど、次もできる気はしないなあ」なんて弱音を吐いているそこの君！　すっとできるようになるまで、何度も何度も、触れた古文で考えるんです。一度聞いて理解して、次からすぐに使える、なんて優秀な人はそうたくさんはいませんよ。**「千里の道も一歩から」**。どんどんやってみましょうね。

3 男女の行動の差からのアプローチ

さて、述語をつないで主語を考えるという読みの姿勢、また、述語における敬意の有無が主語の把握に関わることはわかりましたね。ほかにもまだ、主語を読み解けるヒントはありますので、ここではそれをお教えします。それは、**「男と女は違う」**ということです。

え!? ちょっと、……先生、そんなこと言っていいんですか？

現代の問題として男女差別はあるべきだと言っているのではありませんので、ご安心を。古文の世界には、その世界なりの男女別の役割のようなものがあると言っているのです。この点を考えずに異文化を理解することはできませんし、その表れである古文など読めるはずもありません。とは言うものの、そのすべてを教えるなどということはもちろん僕の手に余ることですし、教わるみなさんにも覚えることが細かくなりすぎてけっして効率的とは言えません。そこで、恋愛（＝結婚）関係に関して少しまとめておこうと思います。

古文の世界の恋愛（＝結婚）

恋愛（＝結婚）の常識

大前提 **一人の男（夫）が多くの妻妾《さいしょう》を持つ**結婚形態。
夫婦別居の場合が多く、男性は女性のもとへ夜の間だけ通う。＝**「通い婚」**

恋愛（＝結婚）の始まり

1男性は、気になった女性に連絡を取る。

※手紙の取り次ぎは女性に仕える**女房**などが行う。

①女性は、最初のうちは無視する。

2男性は、返事が来なくても手紙を送り続ける。

②女性は、始めは女房などの代筆した手紙、次に本人の書いた手紙、の順で返信する。

3男性は、女性のもとに通うようになる。

※このほかにも、たまたま女性の姿を見かけて恋が始まるパターンもあります。

恋愛（＝結婚）中の作法

・男性は、デートの終わった翌朝、帰宅後すぐに女性へ手紙を送る。（＝**「後朝《きぬぎぬ》の文《ふみ》」**）

恋愛（＝結婚）の終わり

・男性が、女性のもとに長い間通わなくなる。

女性の生活とたしなみ

①筆跡・和歌・楽器（弦楽器のみ）の教養がある。

②顔を見られることを避ける。

③庭や廊下にも出ず、部屋の奥にいる。

④自邸からほとんど外出しない。（神社や寺院への参詣は別）

男性の生活とたしなみ

1筆跡・和歌・漢詩・楽器（管弦楽器の両方）の教養がある。
2午前中に仕事を終え、あとは自分の時間。

問題 **次の文章を読んで、傍線部の主語として最も適当なものを、後の①・②のうちから選べ。**

昔、男《をとこ》ありけり。女のえ得まじかりけるを、年を経てよばひわたりけるを、からうじて盗み出でて、いと暗きに来けり。

（『伊勢物語』）

① 男　② 女

さて、この問題を、男と女という視点から解いてみましょう。冒頭に「男」が出てきます。続けて「女」が出てきます。ここまでは順調です。しかし、読み進めると、急にわかりづらくなりますね。

女のえ得まじかりけるを、年を経てよばひわたりけるを、からうじて盗み出でて、いと暗きに来けり。

全然わかんない！

「〜を」という形が二回も出てきますし、その箇所の主語も、「女」なのかどうか……。「え得まじかりける」は、「得ることができそうになかった」と訳せても、話が通じません。それでも続く箇所に目を向けてください。「年を経てよばひわたりけるを」とありますが、注目すべきポイントは「よばひ」です（☞72ページ）。ここでは「わたる」という補助動詞が付いて**「ずっと求婚する」**意です。先に述べたように、**当時の恋愛は男性側から申し込む**のでしたね。だから、**「よばひわたり」の主語は「男」**となります。

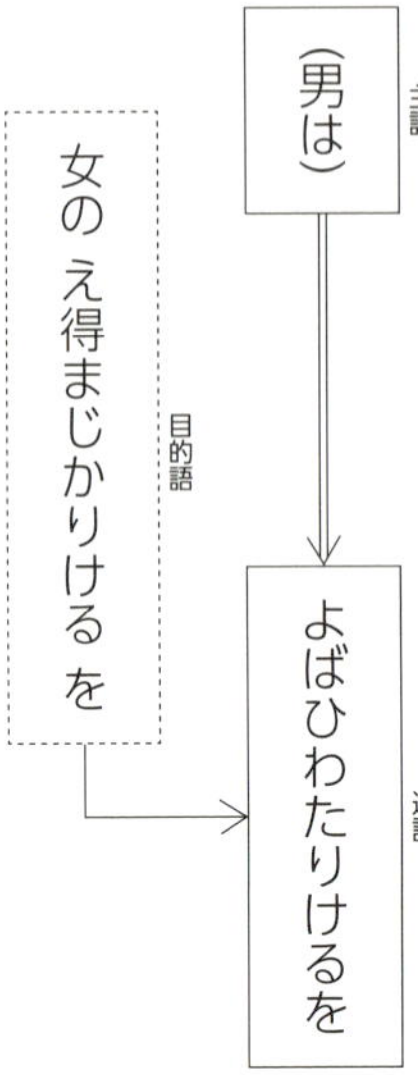

こうなると、「女のえ得まじかりけるを」は全体で目的語となります。「女が得ることができそうになかったのを」となると、「求婚」と合いません。ところが、「女の」の「の」を同格でとってみると、「女性で、手に入れ

られそうになかった女性を」となり、なかなか口説き落とせなかった女性に対して、男性が求婚したという文脈が作られます。ここまで来ればもう大丈夫。その後の**「盗み出でて」「来けり」**は、男性が女性を口説き落とせないので、**強引に奪って逃げた**、という展開なのでした。

正解・①

このように、男女の行動の差に敏感になると主語が読み解ける場合もあります。日頃から、意識しておきましょう。

さらに、この視点は、次のような語句の解釈の問題にも関わります。

問題

次の文章は『松陰《まつかげ》中納言物語』の一節である。東国に下った右衛門督《うえもんのかみ》は下総守《しもふさのかみ》の家に滞在中、浦風に乗って聞こえてきた琴の音を頼りに守の娘のもとを訪れ、一夜を過ごした。以下の文章はそれに続くものである。これを読んで、傍線部の現代語訳として最も適当なものを、後の①～⑤のうちから一つ選べ。

つとめて、御文やらせ給はんも、せん方のおはしまさねば、<u>いと心もとなくて過ぐし給ひける</u>に、主人のまゐり給うて……、

（センター試験）

① そんなに気にも留めずに見過ごしていらっしゃった
② たいそう気をもんで時を過ごしていらっしゃった

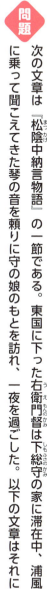

③ ひどく不安に思ってそのままにしていらっしゃった
④ それほど楽しくもないまま過ごしていらっしゃった
⑤ たいへんぼんやりと日を送っていらっしゃった

まずは、傍線部より前の部分を解釈していきましょう。「**つとめて**」とは**翌朝**のことを指す頻出の名詞。ここでは、滞在先の娘と結ばれた翌朝ということになります。続く「御文やらせ給はんも」の箇所ですが、「せ給は」の「せ」（助動詞「す」）は**尊敬**でとれます（☞35ページ）。「んも」は助動詞「む（ん）」と助詞「も」の組み合わせですが、この「む（ん）」は文中なので**婉曲**で処理します（☞23ページ）。全体は、**【お手紙をお送りになるような場合も】**と訳せます。主語はありませんが、リード文と先に挙げたまとめの「後朝」をあてはめれば、**右衛門督**とわかります。彼は、古文の世界における恋愛のマナーとして「後朝の文」を娘に送ることを考えているのです。ところが、続く箇所（「せん方のおはしまさねば」）では、［するような手立てがおありでないので］と書かれています。たまたま訪れた邸《やしき》にいるので、その邸の娘に手紙を届けてくれるような知り合いの女房などいないのです。つまり、**マナー違反を犯してしまいそうなのです**。その際の心境が傍線部で語られています。

心もとなし……［ク］❶待ち遠しい、じれったい。❷気がかりだ、不安だ。❸はっきりしない、ぼんやりしている。❹不十分だ。

重要古語「**心もとなし**」ですが、心の抑制がきかずにソワソワと**落ち着かない様子**です。ソワソワという現代語は「待ち合わせしてソワソワ」のように、ちょっとした苛立《いらだ》ち（❶）と不安（❷）とがないまぜになった心情ですね。あれが「心もとなし」なのです。**手紙を届けられなくてソワソワしているのです**。今だと、LINEがつながらず焦っている彼氏の姿ですね。これで右衛門督の心境はつかめました。しかしながら、この設問にはもう一ひねりあるのです。選択肢を見ると、訳例に明示されてもいる③「不安に」が目に付きます。でも、この場面に合わせた場合、手紙を出したいのに出せない右衛門督が急に「不安」になるのは不自然ですね。それよりは、**「心配で気になって仕方がない」=「気をもむ」**のほうが合致します。

正解・②

だんだんイメージできるようになってきました！

このように、男と女という視点を手に入れると、古文の世界が見えてきます。古文に恋愛ネタは多いので、慣れるとかなり有利です。

昔の女の子は、好きな男の子に自分からアプローチするチャンスもなかったんだよ。

第9節

第2章 文章を読むコツ

つながり方に注意しよう

前節では、「単語」より**「文節」のレベルを意識することが文章を読解するのに重要だ**、という話をしました。

本節では、**文節同士のつながり方**に注目することで、速読力を高めていきましょう。

1 仮定条件・確定条件

まずは、この問題を考えてみてください。

問題 **次の文章では「さるべき上達部」の箇所からかぎかっこが始まっているが、その発言の終わりはどこか。**

（藤原済時《ふじわらのなりとき》は、）御甥の八宮《はちのみや》（＝永平親王）に大饗《だいきやう》（＝八宮親王主催の宴会）せさせたてまつり給ひて、上戸《じやうご》（＝酒豪）におはすれば、人々酔はして遊ばむなどおぼして、「さるべき上達部《かんだちめ》達とく出《い》づるものならば、しばしなど、をかしきさまにとどめさせ給へと、よく教へ申させ給へりけり。

（『大鏡』）

発言の終わりを見つける問題ですから、**会話の終わりを指す場合によく使われる「と」「とて」「など」を探す**

というのが鉄則です。ここには、「しばし**など**」、「とどめさせ給へ**と**」と二箇所あります。どちらが発言の終わりなのかを考えるにあたって、「出づるものならば」という**仮定条件**に注目することができれば、答えは見えてきます。

仮定条件

〈仮定条件句〉

未然形 ＋**ば**、
形容詞の連用形 ＋**は**、
未然形 ＋**ずは**、

⇩

〈結果の想像など〉＝未来表現

む。
べし。
（命令・禁止）。
など

「もし〜なら、 ⇩ ……だろう、……しよう、……しなさい、……するな」

仮定条件句とは、あることを想像している条件句ですから、それを受ける部分には「もし〜なら、**……だろう**」と**想像した結果**が来るのが一般的な形です。「〜なら、**……しよう**」という意志の表現も充分にあり得ます。さらには、「〜なら、**……しなさい**」や「〜なら、**……するな**」という**命令**や**禁止**の表現もあり得ます。これらの表現は、この先に起こるであろうことをイメージしているという意味で、**未来表現**と呼べます。考えてみれば当たり前のことですが、「もし〜なら」という条件句は、こうした受ける部分と呼応するのです。

ですから、この答えは、「出づる もの なら《断定・未然形》 ば《助詞》」という仮定条件句と呼応する表現として、命令の「とどめさせ給へ」が適切です。「その場にいるべき上達部たちが宴席を出て行くのなら、『ちょっと（待て）』などと言って、風流に引き留めてください」というのが発言の内容になります。

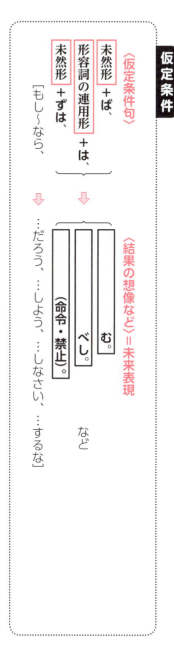

正解・とどめさせ給へ

「未然形＋ば」を仮定条件って言うのは知ってたんですけど、続く部分まで一気に考えるんですね。

そうだね。**条件句を受ける未来表現まで一気に見る**クセが付くと、文章を鷲《わし》づかみにできて、速読力がアップすることは間違いなしです。

さて、では、さっきの文章でもう一問。

問題 **「上戸におはすれば（＝済時は酒豪でいらっしゃるので）」がかかる箇所は次のどこか。**

① 遊ばむ　② おぼして　③ 教へ申させ給へりけり

あれ？「おはすれば」の「おはすれ」はサ変の已然形だから、仮定条件じゃないですよ。

そのとおり。ここは仮定条件句の復習ではなく、原因句に注意を払ってもらおうという意図です。原因理由を示す典型的な表現は「已然形＋ば」ですが、ほかにも次のような場合があります。

確定条件

〈確定条件句（理由）〉

已然形＋ば、
連用形＋て、
連体形＋を、に

ただし、「連体形＋を」や「連体形＋に」は、因果関係を示す確率は低いので、ここから抜いてもかまいません。

意外と見落としているのは、**「連用形＋て」**の場合です。現代語で考える場合に、「徹夜して、眠い。」なんて言うと、完全に因果関係を指しますよね。古文でも同じです。このあたりを意識していきましょう。

さて、この文章に戻ると、全体の文構造は次のようになります。

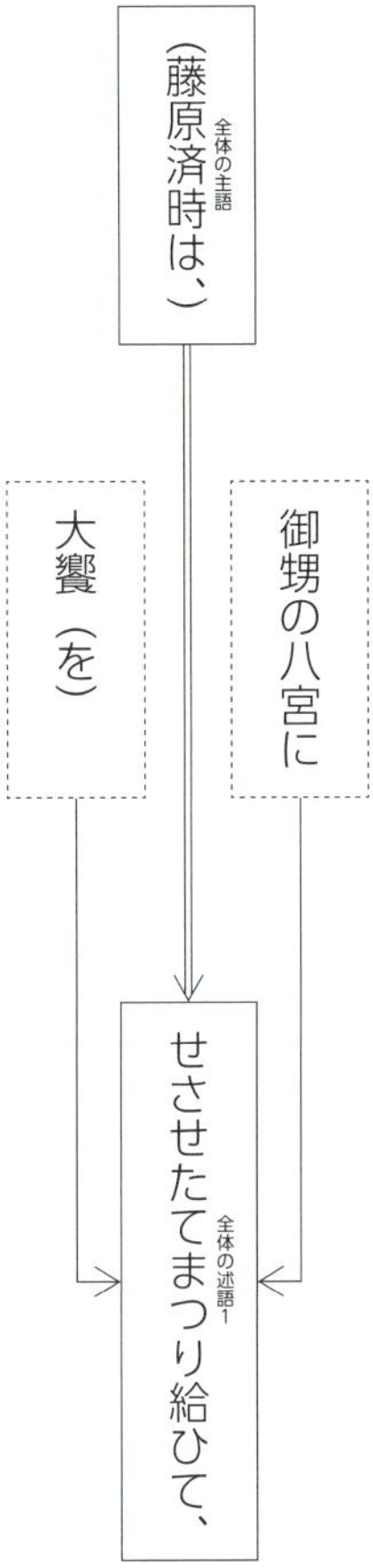

実際の動作1

（自身が）**上戸におはすれば**（原因句）、

〈人々酔はして遊ばむ〉など　→　おぼして　**小さな原因句**

「さるべき上達部達～とどめさせ給へ」と　→　よく教へ申させ給へりけり。（全体の述語2）

大きな原因句＝心理描写

実際の動作2

こう見ると、「上戸におはすれば」がどこにかかるのかは明らかですね。自身が酒好きだったから、ほかの人も飲み続けさせようと**考えた**のです。

正解・②

この「大きな原因句」が、甥の八宮に引き留めるための方策を教える、という「全体の述語2」を導くのです。この図式を見てわかるように、**〈心理〉と〈行動〉というレベル差**を考えると、文章はぐっと立体化して読みやすくなります。極論すれば、**文章で〈心理〉を描くことの意味は、次の〈行動〉の原因であることを示すため**だからです。でも、実際に入試でぶつかるときに、「絶対に考える必要があるか」と言われると、「そうでもないですね」と言います。だって、私たちは「うれしくて、涙を流した」なんて文章を見たら、瞬間的に「うれしい気

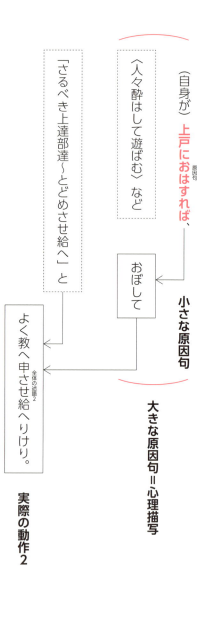

持ちになったので、涙を流すという行動が起きたのだ」とわかってしまうからです。今説明した〈心理〉〈行動〉は、本当に読みづらくて文脈がとれない場合に、そんな追い詰められた場合にだけ、思い出してください。でも、この区分けが自然にできると古文は楽しいのですけれどね。

問題 **次の文章は、『今昔物語集』の一節である。京で暮らす男が、ある夜、知人の家を訪れた帰りに鬼の行列を見つけ、橋の下に隠れたものの、鬼に気づかれて恐れおののく場面から始まる。これを読んで、後の問いに答えよ。**

男、「今は限りなりけり」と思ひてある程に、一人の鬼、走り来たりて、男をひかへてゐて上げぬ。鬼どもの言はく、「この男、重き咎《とが》あるべき者にもあらず。許してよ」と言ひて、鬼、四五人ばかりして男に唾《つはき》を吐きかけつつ皆過ぎぬ。

その後、男、殺されずなりぬることを喜びて、心地違《たが》ひ頭《かしら》痛けれども、念じて、「とく家に行きて、ありつる様をも妻《め》に語らむ」と思ひて、急ぎ行きて家に入《い》りたるに、妻も子も皆、男を見れども物も言ひかけず。また、男、物言ひかくれども、妻子、答へもせず。しかれば、男、「あさまし」と思ひて近く寄りたれども、傍《かたは》らに人あれどもありとも思はず。その時に、男、心得るやう、「早《はや》う、鬼どもの我に唾を吐きかけつるによりて、我が身の隠れにけるにこそありけれ」と思ふに、悲しきこと限りなし。我は人見ること元のごとし。また、人の言ふことをも障《さは》りなく聞く。人は我が形をも見ず、声をも聞かず。しかれば、人の置きたる物を取りて食へども、人これを知らず。かやうにて夜も明けぬれば、妻子は、我を、「夜前《やぜん》、人に殺されにけるなんめり」と言ひて、嘆き合ひたること限りなし。

（センター試験）

問　傍線部「悲しきこと限りなし」とあるが、男がそのように感じた理由として最も適当なものを、次の①〜⑤のうちから一つ選べ。

① とくに悪いことをした覚えもないのに、鬼に捕まって唾をかけられるという屈辱を味わったから。
② 鬼に捕まって唾をかけられた後でひどく頭が痛くなり、このままでは死んでしまうと思ったから。
③ 鬼から逃げ帰ったところ妻子の様子が変わり、誰が近くに寄っても返事をしなくなっているから。
④ 自分の姿が、鬼に唾をかけられたことで周りの人々には見えなくなっていることに気づいたから。
⑤ 夜が明けても戻らなかったため、自分が昨夜誰かに殺されてしまったと妻子が誤解しているから。

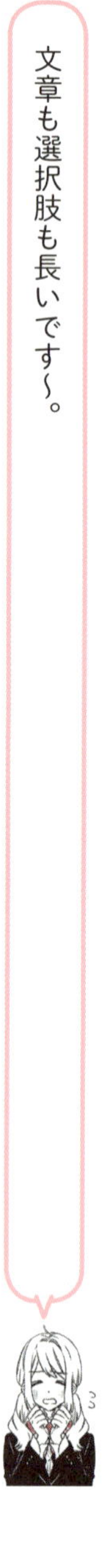

大丈夫、大丈夫。長い文章のほうが、ストーリーはつかみやすいからね。さあ、頑張ろう。

リード文に続く第一段落では、「今は限りなりけり（＝今はもう人生の終わりだ）」と思った男が、なぜか鬼から唾を吐きかけられただけで、命拾いをする場面が描かれています。①の選択肢はこの事実と合致します。また、第二段落では、「頭痛けれども、念じて（＝頭が痛いけれど、がまんして）」男が帰宅します。②の選択肢はここと対応します。ところが、「妻も子も皆、男を見れども物も言ひかけず（＝妻も子どもも、男を見るが何も声をかけない）」とあるように、家人たちから無視されます。ここに対応したのが③の選択肢です。その後男は家人たちに近寄りますが、そばに人がいると思っていない様子です。そこで男が理解した内容がかぎかっこの中に書かれています。「早う、鬼どもの我に唾を吐きかけつるによりて、我が身の隠れにけるにこそありけれ」。「早う」

は詠嘆の「けり」と呼応して、「なんと〜（だったのだなあ）」などと訳す副詞。この箇所は「なんと、鬼が唾を吐きかけたことで、私の体は見えなくなったのだなあ」の意です。この内容が④の選択肢です。⑤の選択肢は、傍線部の後、夜が明けても帰らない男を、家人たちが「人に殺されにけるなんめり（＝誰かに殺されてしまったようだ）」と嘆く場面を踏まえています。

このように、本文中の事実を並べられた場合、事実誤認をチェックするやり方では正解を導けません。本項のテーマを理解したみなさんはもうおわかりのように、**正解は④**です。**傍線部の直前に「『〜』と思ふに、」と、「連体形＋に」の原因句を抱えています**からね。その箇所を訳した選択肢を選べばいいわけです。理由説明の問題の場合には、まず原因句を探してみましょう。

正解・④

2 逆接

つながり方への着目が、速読力をアップさせるのに効果があるということはわかりましたね。今回は、**「逆接」**を扱います。

問題 **次の文章に傍線部「かうやうのこと」とあるが、どういうことか。この内容を具体的に十字以内で記せ。**

七日《なぬか》。今日《けふ》、川尻に船入《い》りたちて、漕《こ》ぎのぼるに、川の水干《ひ》て、悩み煩《わづら》ふ。船ののぼること、いと難《かた》し。かかる間に、船君《ふなぎみ》の病者《ばうざ》、もとよりこちごちしき人にて、かうやうのこと、さらに知らざりけり。かかれども、淡路専女《あはぢたうめ》の歌にめでて、都誇りにもやあらむ、からくして、あやしき歌ひねり出《い》だせり。

（『土佐日記』二月七日）

※川尻……河口。　船君の病者……病人である船の主人、紀貫之《きのつらゆき》のことを指す。
淡路専女……前日、都が近づいたことを喜び、歌を詠《よ》んだ老女。

『土佐日記』の終わりに近い、都近くの場面です。貫之の一行は川をさかのぼる形で京都へと向かいます。ところが、川の水量が少なく、なかなか船は進みません。問いの一文はこの直後にあります。「こちごちし」とは、無風流で洗練されていないさまを指し、［武骨だ、無風流だ］などと訳します。あまり見かける単語ではありません。類義語「**こちなし**（＝**無作法だ、無粋だ**）」のほうが覚えておくべき古語です。「さらに」は打消と呼応して［まったく］などと訳す副詞。この一文を訳すと、［こんなときに、体調を崩している船の主人は、もともと無風流な人で、こういうことは、まったく知らなかった］となります。

この訳を見ても、「こういうこと」の内容がよくわからないんですけど……。

そうですね。実は、指示内容を探そうと思ってその前を見てもうまくあてはまるものがないのです。［病気のことを知らなかった］でも合わないし、［船が難航していることを知らなかった］も不自然です。そこで、後ろへと目を向けてみましょう。**直後に「かかれども（＝そうだけれど）」という逆接の表現があります**。続く部分は、

「めづ」が「感動する」の意、「都誇り」は都が近づき元気になること、「からくして」は、「かろうじて、やっとのことで」の意、「あやし」は、ここでは「みすぼらしい」の意です。つまり、「淡路専女の歌に感動して、都が近づき元気になったのだろうか、やっとのことで、みすぼらしい歌をひねり出した。」という訳になります。

船主は、「かうやうのこと」をまったく知らなかった。**けれど**、船主はなんとか歌を詠んだ。

この文脈が見えると、「かうやうのこと」をまったく知らなかったとは、下文にある「歌を詠む」と逆接されるような内容となりますから、**正解は、「歌を詠むこと」**（6字）となります。逆接への着目が解答を導きます。

正解・歌を詠むこと

逆接が読解のポイントなのはわかりましたけど、指示内容が後ろにあるって、ズルくないですか？

そういう入試問題もあるので、きちんと読むことが大事ですね。続いて、文章を大づかみにする逆接の文脈についてお教えしましょう。

まずは現代語の例で考えますよ。たとえば**「雨が降っているけれど、傘を差さなかった。」**という文について考えてみます。これはこれでわかるのですが、今ひとつ状況が見えてきません。でも、**「雨が降っているけれど、たいした雨ではなかったので、傘を差さなかった。」**とか、**「雨が降っているけれど、ぬれたい気分だったので、**

傘を差さなかった。」とか、**「雨が降っているけれど、好きな女の子が見ているので（かっこつけて!?）、傘を差さなかった。」**とか、このように逆接関係の間に原因句を入れると、状況や心境がリアルに迫ってきます。考えてみれば、**逆接というのは、前後のつながりが不自然になっているところなので、その間に原因句が入ることで、私たちにも読みやすくなる**のです。というわけで、文章を素早く大づかみにするためのポイントは、こういうことになります。

逆接関係

～**已然形**＋**ど(も)**、〔……**已然形＋ば**〕、⇩ ～～～

（〔……已然形＋ば〕＝原因句）

（～已然形＋ど(も)、 → ～～～ ＝逆接関係）

まことしくは覚えねども、**人の言ふ事なれば**、さもあらんとてやみぬる人もあり。（『徒然草』）

訳 本当だとは思えないけれど、その人が言うことであるから、そうなのだろうと思って終わりにする人もいる。

これは、他人の嘘を聞いたときの反応について書かれた文です。ここでも、「本当だとは思えないけれど、そうなのだろうと思う」というのが逆接関係で、その間に原因句が入っています。人柄がいいというか、よすぎる人だとよく伝わってきます。このように、この文脈は文章の端々に見られます。揺れ動く心理を描いた場面などは、ここを押さえることでブロックごとに把握できるので、ずいぶん読みやすくなります。

初めて聞きました。これからは逆接後の原因句にしっかり注目します！

問題 **次の文章は、『源氏物語』の「薄雲《うすぐも》」の一節である。冷泉《れいぜい》帝は、母藤壺《ふじつぼ》の死後、実の父が桐壺《きりつぼ》帝ではなく、桐壺帝の皇子で今は臣下として政治を補佐している光源氏であるという出生の秘密を知らされて、悩み苦しんでいた。これを読んで、後の問いに答えよ。**

常よりも黒き御装《よそ》ひにやつし給へる御容貌《かたち》、違《たが》ふところなし。上も年ごろ御鏡にも思《おぼ》し寄ることなれど、聞こしめししことの後は、またこまかに見奉り給ひつつ、ことにいとあはれに思しめさるれば、いかでこのことをかすめ聞こえばやと思せど、さすがにはしたなくも思しぬべきことなれば、若き御心地につつましくて、ふともえうち出で聞こえ給はぬほどは、ただおほかたのことどもを、常よりもことになつかしう聞こえさせ給ふ。うちかしこまり給へるさまにて、いと御気色ことなるを、かしこき人の御目にはあやしと見奉り給へど、いとかくさださだと聞こしめしたらむとは、思さざりけり。

（センター試験）

※黒き御装ひ……喪服のこと。冷泉帝は母の喪に服している。
上……冷泉帝のこと。
さださだと……はっきりと。

第2章 文章を読むコツ

問　傍線部「いかでこのことをかすめ聞こえばや」からうかがわれる冷泉帝の心情の説明として最も適当なものを、次の①〜⑤のうちから一つ選べ。

① 藤壺の遺言に従って退位に反対する光源氏に、自分が帝位にとどまることがいかに道理に反しているかを納得してもらいたいと思っている。

② 光源氏と藤壺が密通して桐壺帝を裏切っていたことに大きな衝撃を受け、子としての立場から、光源氏にその経緯を問いただしたいと思っている。

③ 光源氏が実の父だと知ったことを光源氏にほのめかすことによって、子としての思いを伝え、親を臣下としている罪悪感をわかってほしいと思っている。

④ 光源氏と自分の顔が似ているので以前から光源氏が実の親だと気がついていたが、言い出せないままになってしまったことを、光源氏に対して申しわけなく思っている。

⑤ 桐壺帝が亡くなった後も、光源氏が親子の愛情よりも秘密を守ることを優先して、自分こそ実の父だと打ち明けてくれなかったことを悲しく思っている。

一部の抜粋なので、この部分からは読み切れないこともありますが、まずは傍線部の解釈から。「いかで」は、一般に「どうして、どうやって」などと訳す副詞ですが、**下に意志や希望の語が来ると「どうしても」**と訳します。ここでは下に自己の願望を示す終助詞「ばや」があるので、こちらの意味でとります。「かすめ言ふ」という複合動詞があり、「それとなく言う、ほのめかして言う」という意味なのですが、その謙譲語版がこの「かすめ聞こゆ」です。ですから、傍線部全体は、**「どうしてもこのことをほのめかして申し上げたい」**と訳せます。となると、次の課題は「このこと」の指示内容ですね。さて、前後の文脈をたどってみましょう。

（冷泉帝は）「いかでこのことをかすめ聞こえばや」と思せど、
（さすがにはしたなくも思しぬべきことなれば、
若き御心地につつましくて、）
原因句
ふともえうち出で聞こえ給はぬほどは、
ただおほかたのことどもを、常よりもことになつかしう聞こえさせ給ふ。

冷泉帝は、「このこと」をほのめかしたいと思うのだけど、実際には「ふともえうち出で聞こえ給はぬ（＝少しも（「このこと」を）口にいたすことがおできにならない）」のです。その間に**原因句**があり、まず小さな原因句として「さすがにはしたなくも思しぬべきことなれば」があります。ここは「思す」という尊敬語や「ぬべし」という推量の表現があることから、**主語は光源氏**とわかり、「そうはいっても光源氏がいたたまれなくお思いになるだろうから」と光源氏の気まずさを想像しています。続く箇所は「若き御心地につつましくて」。「若き」とあるので、これは**冷泉帝の心境**のこと。「つつまし」は遠慮の気持ちを表す語なので、「冷泉帝のお若いお心の中では、遠慮してしまうので」などと訳せます。全体としては、**光源氏の気まずさに遠慮したので**、というのがこの原因句です。

文脈を押さえ直してみると、「このこと」を言いたいと思っていた冷泉帝ですが、それをほのめかしたときの光源氏の気まずさに遠慮して、何も口にできないでいるということです。光源氏が気まずく思うようなことを「このこと」の内容と見ればよいので、「光源氏が実の父だと自分が知ったこと」というのがふさわしいですね。

こういう文脈を踏まえた選択肢を探せば、**正解は③**です。④は少し近いですが、「言い出せないことを申しわけなく思う」のは誤りです。申し訳なくて言い出せないなら、正解に限りなく近いけれど。

「逆接＋（原因句）＋逆接の受けの部分」という文脈がつかめると、長文の理解力が付いてきます。

正解・③

第10節

第2章 文章を読むコツ

会話を読もう

1 会話を見つける

個人的には、古文で一番読みづらいのが**会話**（実際に発言した「発話」と、心の中で発した「心内語」とをまとめてこう呼んでおきます）です。古文の文章に触れるとき、「発話」には原則としてかぎかっこが付きますが、「心内語」には付きません。しかし、**文の構造を正しく捉えるためには、「心内語」も含めた会話のつかみが重要になってきます。**ですから、まずは、きちんとかぎかっこを付ける習慣を身に付けましょう。

会話の見つけ方ってコツがありますか？

もともと、古文を読み書きしていた人たちは、かぎかっこを私たちのように使ってはいません。だから、会話はかなり読みづらかったかと思われます。けれど、その代わりのように、会話を同じ言葉ではさむ書き癖があります。「男の**言はく**、『……』と**言ふ**。」なんて形の古文、よく見ますよね。

訳すと「男が言うことには、『……』と言う」ってなる不自然なアレですね！

そうですね。でも、アレのおかげで会話が見つけやすくなります。始まりの形は、「言はく」のほかに、「言ふやう」や「言ふには」などもあります。「言ふ」の位置には、「申す」や「語る」や「のたまふ」が来ることもあります。また、終わりの形は、ほとんどの場合**「と」「とて」「など」**の三語です。

会話を示す語句

～く、
～やう、　}　「……」　{　**と**
～には、　　　　　　　　**とて**
　　　　　　　　　　　　　など

古文の引用部（発話や心内語や手紙）は、形式的に見つけやすい終わりを探し、そこからさかのぼって引用の始まりを見つけるようにしましょう。また、「……連体形よし**発話を示す語句**」の形もあり、「……連体形」の箇所までが会話の内容にあたります。「かの御所にばけものある**よし**聞こえければ（＝その場所には化け物がいる**ということ**が評判になったので）」などがその例です。

問題　**次のそれぞれの文に、かぎかっこを付けよ。**

① 君、うち笑み給ひて、知らばやと思《おぼ》ほしたり。（『源氏物語』）

② （夢の中で、泣く女に出遭《あ》った男は、）あやしくて、何人のかくは泣くぞと問ひければ、（『古今著聞集』）

③ （使いは、都に）上《のぼ》りて、帝に、かくなむ、ありつると奏しければ、（『更級日記』）

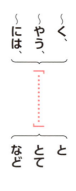

④（修験者は、渡した）数珠《ずず》とり返して、あな、いと験《げん》なしやとうち言ひて、（『枕草子』）

どれも短い文ですから、それほど難しくはないでしょう。

①は、「思ほしたり」の直前に**「と」**があるので、終わりはここまで。「うち笑み給ひて、知らばや」をかぎかっこにくくると、「微笑《ほほえ》みなさって、知りたい」という心内語になってしまって、おかしな文章になります。**正解は「知らばや」**です。よく見ると、「うち笑み給ひて」と「思ほしたり」という並列した述語には共に尊敬語が使われています。**引用部の外側の敬語もかぎかっこを付けるときにヒントになります。**

②は、引用の**「と」**に気付けば、終わりは「泣くぞ」までとわかります。「あやしくて、何人のかくは泣くぞ」とくくってみると、「不思議で、誰がこんなふうに泣くのか」と尋ねていることになります。これもやはり変ですね。「あやしくて」をかぎかっこから外すと、しっくりきます。**正解は「何人のかくは泣くぞ」**です。

③は、「ありつる」までがかぎかっこです。さて、始まりの見極めですが、**「かくなむ」は副詞「かく」に係助詞「なむ」が付いたもので、係り結びによって「ありつる」にかかります。**つまり、かぎかっこの中に入ります。「帝に」はどうでしょう。この目的語は、「奏しければ（＝申し上げたところ）」にかかります。だからかぎかっこの外です。**正解は「かくなむ、ありつる」**です。

④は、「いと験なしや」がかぎかっこの中に入るのは明らかですね。病気治療をする修験者がうまくいかずに「まったく祈った効き目がないなあ」と愚痴《ぐち》ったのです。その前にある**「あな」**はどうでしょう。これは感動詞で「ああ」などと訳します。もちろん、発話の内部です。**感動を示す表現は、やはり会話内に使われることも多いのです。**「とり返して」と「うち言ひて」が述語の並列ですから、**正解は「あな、いと験なしや」**です。

正解 ① 知らばや ② 何人のかくは泣くぞ ③ かくなむ、ありつる ④ あな、いと験なしや

ここで、会話の見つけ方についてまとめてみます。

会話の見つけ方

会話部の外側をチェックする。

①会話部を受ける述語（発話系の語）と並列される**述語**。

例 あやしくて、「何人のかくは泣くぞ」と問ひければ、

②**敬語動詞**の対応関係。

例 うち笑み給ひて、「知らばや」と思ほしたり。

③会話部を受ける述語（発話系の語）と、その**目的語**や**主語**。

例 帝に、「かくなむ、ありつる」と奏しければ、

会話部の内側をチェックする。

①「**あな**」「**あはれ**」などの感動詞。

②「**かな**」「**ぞかし**」などの感嘆表現。

③**係助詞**や**疑問語**とその結び、呼応の副詞。

実践して確認してみましょう。

問題 **次の文章は、『無名草子』の一節で、ある女房が、紫式部《むらさきしきぶ》が『源氏物語』（本文内では『源氏』とされる）を書いた事情について語っている場面である。ある女房（＝「言ふ人」）の発言の中に含まれる四つの発言をすべて指摘せよ。**

「繰言《くりごと》のやうには侍れど、尽きもせずうらやましくめでたく侍るは、大斎院《おほさいゐん》より上東門院《じやうとうもんゐん》つれづれ慰みぬべき物語やさぶらふと尋ね参らせ給へりけるに、紫式部を召して、何をか参らすべきと仰せられければ、めづらしきものは、何か侍るべき。新しく作りて参らせ給へかしと申しければ、作れと仰せられけるを、承りて、『源氏』を作りたりけるこそ、いみじくめでたく侍れ」と言ふ人侍れば、

※大斎院……選子《せんし》内親王。賀茂《かも》神社の祭神に仕える「斎院」を長く務めたので「大斎院」と呼ばれた。
上東門院……一条天皇の中宮である彰子《しょうし》。紫式部はその女房として働いていた。

やり方はわかったつもりなのに、難しいです！

さて、四つもあると面倒ですが、会話部の末尾を押さえてから、大斎院、上東門院、紫式部のそれぞれの行動を捉えていけばいいのです。①「物語やさぶらふ」**と**尋ね」、②「参らすべき」**と**仰せられければ」、③「参らせ

給へかし」と申しければ」、④「作れ」と仰せられけるを」が終わりの箇所ですね。

①に関しては、「つれづれ」と「慰み」が目的語―述語の関係で、それ全体が「物語」の連体修飾語です。したがって、「つれづれ」から始まります。これは**大斎院から上東門院への発言**です。②は、「紫式部を召して」とあるので**上東門院が主語**とわかり、この「召して」が「仰せられければ」と並列になるので、「何をか」から始まります。③は、会話部が「申しければ」と受けられているので、**主体は紫式部**。上東門院の相談に対して紫式部がどう発言したかを考えます。「めづらしきものは」がその始まりです。④は会話部「作れ」が命令形であり、受ける部分は「仰せられけるを」と尊敬語があるので、**主体は上東門院**。紫式部の「ふさわしい物語はない」という返答に対して、上東門院は「それならば、あなたが作りなさい」と命じたというのです。したがって、④は「作れ」だけが発言です。きちんと捉えられましたか。現代語訳を付けておいたので、照合しておきましょう。

正解
① つれづれ～物語やさぶらふ
② 何をか参らすべき
③ めづらしきものは～参らせ給へかし
④ 作れ

訳 「同じことを繰り返し言うようではありますが、尽きることなくうらやましくすばらしくございますことは、大斎院から上東門院へ『きっと退屈が紛れるに違いない物語がありますか』とお尋ね申し上げなさったところ、（上東門院は、）紫式部をお呼びになって、『何を差し上げるとよいか』とおっしゃったので、（紫式部は、）『目新しいものなど、どうしてございましょうか、いやあるはずがございません。新しく作って差し上げてくださいな』と申し上げたところ、（上東門院は、）『ではあなたが作りなさい』とおっしゃったので、（紫式部は、）承知いたして、『源氏物語』を作ったという事情が、たいそうすばらしいのです」と言う女房がいますと、

ちなみに、引用した本文の後には、紫式部は、宮仕えする前に『源氏物語』を書き、その評価が高かったので宮仕えしたのだ、というまったく違う説も並べられています。本当はどうだったのか、現在でもさだかではありませんが、それほどに昔の人々も、『源氏物語』に魅了されていたのがわかりますね。

2 会話のあいまい表現

前項では、会話部を見つけるには、文構造への意識を強く持つことだと学びました。逆に、**文構造を捉える力が付けば、会話部は簡単に見つけられる**ということでもあります。努力あるのみ、です。ただ残念なことに、会話の読みにくさというのは、それだけではないのです。たとえば、**「おれ、たぬき」「じゃあ、わたし、きつね」**なんていう会話、成り立ちますね、そば屋かうどん屋でなら。「おれは、たぬきそばを食べることにする」「じゃあ、わたしは、きつねそばを注文するつもりだ」などの省略形と説明できます。しかし、このような省略を補った文のほうが、日本語として明らかに不自然です。そこに会話のポイントがあります。**相手に伝わると思うことを大きく省略したりあいまいにしたりする、というのが、会話部の特徴**であり、時代の離れた僕たちにとっては、それが読みにくさやあいまいさに映るのです。

普通の古文以上にわかりにくいなら、もうぜったい読めないです！ 無理です！

大丈夫、大丈夫。無理に補おうとするから読めなくなるのです。頭の中を逆転させて、その場のノリに合わせることが、会話読解のコツです。先の例だって、場所がそば屋でメニュー見ている人がいて……、なんて場面であれば、「今まで言えなかったけど、実はおれ、たぬきだったんだ」なんて衝撃的告白をしている場面にはなりません。**場面をつかみ、話題をつかみ、流れに乗ること、これが会話のあいまい表現の突破口となる**のです。

「いかにぞや」という言葉を例にして、少し具体的に見ていきましょう。

いかにぞや……副詞「いかに」＋係助詞「ぞ」＋係助詞「や」

このように品詞分解されるので、まずは「いかに」と同じく、状況や様子を尋ねて「どのようか」と訳す語とわかります。次の文は『大鏡』の冒頭部で、大宅世継《おおやけのよつぎ》と夏山繁樹《なつやまのしげき》の会話です。

翁《おきな》、「主《ぬし》は、その御時（＝宇多《うだ》天皇の御治世）の母后の宮の御方の召使《めしつかひ》、高名《かうみやう》の大宅世継とぞ言ひ侍りしかしな。みづからが小童《こわらは》にてありし時、主は二十五六ばかりの男《をのこ》にてこそはいませしか」と言ふめれば、世継、「しかしか、さ侍りしことなり。さても、主の御名《みな》はいかにぞや」といふめれば、「太政大臣殿にて元服つかまつりし時、「きむぢが姓は何ぞ」と仰せられしかば、「夏山となん申す」と申ししを、やがて「繁樹」となん付けさせ給へりし」など言ふに、いとあさましうなりぬ。

片方の老人が、「あなたは、有名な大宅世継さんですね。私が小童だったころ、あなたはもう二十五、六の年齢でした」と言います。すると、それを受けた世継が、「さても、主の御名はいかにぞや」と言うのです。ここでの「主」は二人称ですから、「あなたのお名前は**どのようか（＝何か）**」と尋ねたとするのが場面に合います。そう問われたからこそ、「夏山」という自分の姓に合わせて、「太政大臣（＝藤《ふじ》原《わらの》忠《ただ》平《ひら》）」が「繁樹」という名を付けてくださったというエピソード、つまり自身の名前を答えたのです。ここでの「いかにぞや」は単に疑問ととればよいのでした。

さて、次の文はどうでしょうか。『紫式部日記』の一節で、自身の子どもの頃を記したものです。

> この式部《しきぶ》の丞《じよう》といふ人（＝紫式部の兄弟である藤《ふじ》原《わらの》惟《のぶ》規《のり》）の、童《わらは》にて書《ふみ》読みはべりし時、聞きならひつつ、かの人はおそう読み取り、忘るるところをも、あやしきまでぞさとくはべりしかば、書に心入れたる親は、「口惜しう、男子《をのこご》にて持たらぬこそ幸ひなかりけれ」とぞ、常に嘆かれはべりし。
> それを、「男《をのこ》だに才《ざえ》がりぬる人は、いかにぞや、はなやかならずのみ侍るめるよ」とやうやう人の言ふも聞きとめて後、一と言ふ文字をだに書き渡し侍らず、いとてづつに、あさましくはべり。

当時、漢籍（＝「書《ふみ》」）は、男性が身に付けるべき教養でした。惟規がその漢籍を習っていたときのことが描かれています。「かの人（＝惟規）」が主語、「おそう読み取り」と「忘るる」が並列した述語となります。「惟規がなかなか読めなくて忘れてしまう」というのですから、彼は漢籍を少し苦手としていたのでしょう。そこまでを目的語として「（かの人はおそう読み取り、忘るるところをも）あやしきまでぞさとくはべりしかば（＝不思議なほどに聡明に理解しましたので）」というのですから、主語は惟規でなく、筆者（＝紫式部）だとわかります。**脇で聞いていた筆者のほうが先に理解してしまった**、というのです。紫式部は漢籍のセンスがあったのですね。

だから親は「残念なことに、これほど優秀な子が男子でないのは、私の不幸だ」と嘆いています。漢籍は女の子には不要な教養だったからです。その中で、ある人の発言が描かれます。「才がる」とは漢籍の教養をひけらかすこと、ここの「だに」は［さえ］の訳。［男性の場合でさえ漢籍の教養をひけらかす人は、**どのようであるか**、派手に栄華を極めないようです］と訳してみます。「いかにぞや」の訳がなんだか不自然ですが、全体としては、漢籍の教養をひけらかすのはマイナスにはたらくと言われていることはわかります。「だに」に注目すれば、「男性で**さえ**」となるので、言外に**「女性の場合はなおさらだ」**と言っているのです。それがわかると、その発言を聞いた筆者が「一という漢字さえ書かなかった」と、たぐいまれな自身の教養をひた隠しにしていたことがわかります。

大変な時代だったんですね……。少しずつ状況がわかってきました。

このように流れを踏まえたうえで、「いかにぞや」に戻ってみると、ここでは相手に尋ねるという流れはまったくありません。したがって「どうであるか」は**否定的なニュアンスで、［問題だと思う］とか［どうかしている］という意味**にとるのがぴったりきます。現代語でも「この服、どう?」に対して「どうかなあ（＝ちょっと合わないよ）」というやりとりができますね。『大鏡』のほうの「いかにぞや」は「この服、どう?」の［どう］と尋ねるほうで、『紫式部日記』の「いかにぞや」は、否定する意味合いの［どう］なのです。こういう現代語の会話っぽいやりとりが出てくると、古文では苦戦します。できる限り、その場にいるように読むしか手はありません。**訳そうと思うよりわかろうと思え**、というのが会話のコツなのです。

一見すると疑問に見える言葉は、実は警戒すべき会話表現となる場合もあるのです。このほかにも会話で気を付けたいのは「われ・おのれ」あるいは「わが・おのが」という表現です。これらの人称に関わる言葉は、「私」や「私の」という一人称の使い方のほかに、「あなた」「あなたの」という二人称の使い方もあるのです。このポイントも、会話部の読みとりで失敗しがちなところです。

会話で気を付けたい頻出表現

いかにぞや＝どうか（疑問）／**どうかしている**（不評）
いかが＝どう、どうだろうか（疑問）／**どんなにか**（強調）／**どうかしている**（不評）
いかに＝どうして、どうやって（疑問）／**どんなにか**（強調）／**おい**（呼びかけ）
いかで＝どうして、どうやって（疑問）／**どうしても**（強調）
いつしか＝いつなのか（疑問）／**早く**（強調）
いかさまに＝どのように（疑問）／**なんとしても**（強調）／**なるほど**（同意）
※**赤字**は疑問（反語）以外の、特に気を付けたい意
われ・おのれ＝私（一人称）／あなた自身（二人称）
わが・おのが＝私の（一人称）／あなた自身の（二人称）

このほかに、会話部が長い場合の対策もお教えしましょう。

①**敬語の処理を軽くする。**（特に丁寧語「はべり」「さぶらふ」）
②**述語の並列をつかみ、主語と趣旨を取ることに専念する。**
③**命令・禁止・勧誘の表現に主眼を置く。**
④**会話部の冒頭か末尾のどちらかに発言の意図があると見なす。**

会話の場合、目の前に相手がいるので、敬語が多用されます。特に、聞いている相手を敬う丁寧語はそうです。なので、速読のためには、そこを省略しましょう(①)。また、わかりづらくあいまいな表現が多いのが会話部ですから、ムキにならずに、言いたいことがざっとつかめればいい、という割り切りも必要です(②)。会話は相手に何かを頼む場合に使われることも多いので、命令や禁止の表現はそのまま趣旨になる場合も少なくありません(③)。④は……、うまく読めないときの緊急避難です（笑）。たいてい、冒頭か末尾のどちらかに趣旨があるのです。でもこれを使うのは、時間がないとか、うまく読めないとか、そういうときだけにしてくださいね。

第11節　和歌を読もう

和歌は、日本の古典文学の中心的存在です。ですから、物語や日記などの中でも、要所要所に置かれますし、古文の評論の多くは、和歌にまつわる故事や理論について述べた、いわゆる歌論です。ここで力を付けて、大きくステップアップしましょう。

和歌って、掛詞《かけことば》とか枕詞《まくらことば》とかあって面倒だし、ホント苦手なんですよね。

気持ちはすごくよくわかる。ダジャレみたいなものや訳す必要のないものが入っていて、面倒だよね。でも、実はそういう「修辞法」に意識が向きすぎていることがつまずきの第一歩なのかもしれません。たしかに「修辞法」も無視はできないので、この節の後半で触れますが、それよりもずっと大事な着眼点があります。その話から始めましょう。入試で問われるような**和歌には基本的に二重の文脈がある**、ということです。受験生側に立てば、**最低二回は読み直さないと意味は取れない**ものなのです。

その二つの文脈とは、**〈自然〉**と**〈人事〉**の二つです。〈自然〉とは人間の側に何かを感じさせる対象のことで、〈人事〉とはそれに対応した人間の側の出来事や心情です。それがどこかでつながりながら二重の文脈を作るのが和歌の基本的な構造なのです。具体的に見ていきましょう。

宇治川の瀬々のしき波　しくしくに　妹《いも》は心に乗りにけるかも

（『万葉集』二四二七番歌）

訳　宇治川の激しい流れの波がしきりであるように、しきりにあなたは私の心にいるのだよ。

上の句が風景描写＝〈自然〉になっています。そのまま読み進めると、「宇治川の波が『しくしくに』」ですから、「宇治川の波が『しきりに』」と訳せます。ところが、そのまま続けようと思うと文脈が乱れます。「妹」は恋人の女性を指す語なので、「川波がしきりに、あなたは私の心の中にいる」となります。これでは解釈崩壊です。「妹は～」以降の箇所は心理描写＝〈人事〉であるのは間違いないし、「しくしくに」は連用修飾でこの下の句にかかることも間違いありません。そこで重要なのが**「つなぎ言葉」**の捉え方なのです。このつなぎ言葉は、**二重の意味を持って、〈自然〉から〈人事〉へと文脈を乗り換えるつなぎ目**となっているのです。二回は読んでくれと言ったのは、この二つの流れをつかまえるためでした。こうして二つの文脈がつながると、〈自然〉が〈人事〉の比喩《ひゆ》としてはたらいているということになるのです。

〈自然〉	**つなぎ言葉**	
宇治川の瀬々のしき波	しくしくに	妹は心に乗りにけるかも
	つなぎ言葉	〈人事〉

図式化すれば、次のようになります。

〈自然〉	つなぎ言葉
つなぎ言葉	〈人事〉

つなぎ言葉になる語句

① **「序詞《じょことば》」**から**「本旨」**へと移る部分
② **「掛詞《かけことば》」**
③ **比喩**（見立て）

和歌が二重文脈を持つ場合に、つなぎ言葉はこの三つしかありません。二重文脈を見つけるコツはこの**「つなぎ言葉」を発見できるかどうか**にかかっているのです。

わかりましたけど……、でもやっぱり難しい気がします。

現代でも〈自然〉が心象風景として〈人事〉の比喩になることは、小説や映画などの中にもよくあります。また、LINEの、スタンプとメッセージという仕組みだって、スタンプがイメージとなっているのだから、この和歌の二重性と近いものがあります。それほど高尚なものだとおびえずに、「LINEか」くらいの気楽な気持ちで読

んでいきましょう。考えてみれば、彼らが和歌を詠《よ》む一番の場所は「手紙」です。現代で言えばＳＮＳそのものなんですから。

では、具体的な和歌読解の作業手順を確認しましょう。

和歌読解の手順

①和歌の詠まれた**シチュエーション**をつかむ。
②**句点（。）の付くところ**をチェックし、**倒置法**が使われているかを確認する。
③**〈自然〉**と**〈人事〉**のどちらなのかを気にしながら、どちらかの文脈で読める限り読む。
④**つなぎ言葉**を探して、もう一度読み直す。
⑤全体をつかみながら、その場面で**相手に伝えたいこと**を考える。

先ほど説明していない箇所を中心に補っておきます。②は文法的に考えて、和歌の途中に句点が付くとわかった場合、第五句末を見ましょう。**「かな」「けり」**など文が終わる形になっていれば倒置法ではないですが、「〜思へば」「〜あらねど」のように、**文がそこで終わらない表現が来ていれば倒置法**です。①と⑤は、和歌を会話の一種だと思えばわかってもらえるかと思います。会話のときにも述べたように、会話というのは必ずしも伝えたいことをすべて言葉にするわけではありません。和歌も同じです。相手に「逢《あ》えなくてつらい」と表現したら、伝えたいことは「逢いたい」です。この程度のことなので、実はたいしたことはありません。

よかった。少し気が楽になってきました。

さて、修辞法について説明しましょう。まずはすでに触れた**「序詞《じょことば》」**からです。**「序詞」とは、ある語句を導くために用いられる六音以上の表現**のことです。先の歌で言えば、「宇治川の瀬々のしき波」までが序詞で、「しくしくに」を導いています。要するに、**「序詞」とはつなぎ言葉の前まで**、と考えればいいのです。しかも、メインである〈人事〉を導くので、**ほぼ〈自然〉部**ということになります。受験で目にすることの多い平安時代以降の和歌であれば、**「序詞」は「〈自然〉＋の」の形で使われ、「～のように」などと訳します**（「比喩型」と呼ばれます）。また、序詞が語句を導く場合に、同音反復を用いる場合もありますが、この場合には「～ではないが」などと訳します。

（序詞）　（本旨）

みかの原 わきて流るるいづみ川 いつ見きとてか 恋しかるらむ

（『新古今和歌集』九九六番歌）

訳 みかの原に湧いて、みかの原を分けて流れる「いづみ」川**ではないが**、いつあの人を見たということで、これほどに恋しいのだろうか。

次は、**「掛詞《かけことば》」**。**「掛詞」とは、同音を利用して、二つの別語を重ねた表現**のことです。掛詞「あき」に「秋」と「飽き」の意が、掛詞「まつ」に「松」と「待つ」の意が掛けられたりする例は、有名なので知っている人も多いでしょう。先に和歌は二重の文脈だと言いましたが、この「掛詞」もそのことと通じてきます。**「掛詞」の**

原則は、〈自然〉と〈人事〉で一つずつなのです。また、この掛詞の作られ方にはおよそ三種類があります。

① **単線型** 例 「音にのみきくの白露」「噂に聞くばかりの、菊の白露」（「**聞く**」と「**菊**」）
② **複線型** 例 「人目も草もかれぬと思へば」「人目もなく、草も枯れたと思うと」（「**離《か》れ**」と「**枯れ**」）
③ **一部型** 例 「燃ゆるおもひを」「燃える火のような（私の）思いを」（「**思ひ**」と「**火**」）

つなぎ言葉はあるが一直線につながる①、つなぎ言葉で二つの文脈が合流する②、そしてつなぎ言葉の語の一部に入り込む③です。③は知っていないとなかなか気付けない難しい掛詞ですが、幸い頻度《ひんど》は低いので、「思ひ」や「恋ひ」に「火」や「日」や「緋」（赤色のこと）がかかると覚えて終わりにしましょう。③に限らず、掛詞は定番のものは覚えておくほうが便利です。

次は、**「枕詞《まくらことば》」**。これは、**ある語句を導くために用いられる五音以下の表現**のことです。「序詞」と似ていますが、こちらは〈自然〉と限りませんし、導く語との関係は固定的です。「あしひきの」という枕詞が導くのは「山・峰」などの語、といった具合です。見たことがある人も多いですね。枕詞は、五音句がほとんどなので、和歌の**第一句か第三句に用いられることが多い**ものです。これも主要なものは覚えておくほかありません。

次は、**「縁語《えんご》」**。**裏文脈を作るキーワード（掛詞、比喩、序詞）を軸に、意味の上で関連の深い語を意図的に用いる技法**のことです。これも和歌の二重文脈と深く関わっています。

春立てば消ゆる**氷**の残りなく君が心は我に**解け**なむ　（『古今和歌集』五四二番歌）

訳 立春になり解ける氷のように、あなたの心は、すっかり私に打ち解けてほしい。

序詞の中で使われた「氷」という語は、本旨の中の「解け」という言葉と関連します。本旨では、あなたの心が私へと傾いてくれと言いたいのですから、「解け」るという表現である必要はありません。「氷」と関連させるべく、あえて「解け」と使ったと考えるべきです。この場合に、「解け」は「氷」の縁語（あるいは、「氷」と「解け」は縁語）と説明します。

これ、かなり難しくありませんか？　ていうか、無理でしょ！

「縁語」は、専門家でも意見の食い違いが生じることもあるほど微妙なものなので、受験生に自力で縁語を見つけろと指示する設問は皆無です。ですから、問われた場合に、**この和歌の文脈を離れて、普通に「関連する言葉だ」と思えたら、縁語だ**と思ってくれればバッチリです。「氷―解ける」は普通ですよね。だから縁語だということです。ある意味、一番わかりやすい修辞が「縁語」なのです。

和歌はこれだけ。〈自然〉と〈人事〉の対応やつなぎ言葉をつかめるように鍛えてくださいね。

第12節 類話

前章までに学習した古文の読み方は、もう使いこなせるようになりましたか。ここからは、それを使って共通テストのスタイルに慣れていきましょう。

共通テストは、文章を二つ読まなきゃいけないって聞いたんですけど……。

そうですね。共通テストの古文では、数種類の文章を多角的に読む力が問われます。その一例として、**「類話」**と呼ばれる、似た話を読むときの注意点を、実際に問題に触れながら確認していきましょう。

学校の授業などでも触れることの多い『伊勢《いせ》物語』二十三段の後半と、その類話である『大和《やまと》物語』百四十九段を並べました。まず読んでみましょう。

問題　**次の『伊勢物語』と『大和物語』を読んで、後の問いに答えなさい。**

【『伊勢物語』二十三段　後半】（前半では幼なじみの二人が夫婦になります。）

さて、年ごろ経るほどに、女、親なくたよりなくなるままに、もろともに言ふかひなくてあらむやはとて、

(注1)河内《かふち》の国、高安《たかやす》の郡《こほり》に、行き通ふ所出《い》で来にけり。さりけれど、このもとの女、悪しと思へるけしきもなくて、出だしやりければ、男、こと心ありてかかるにやあらむと思ひうたがひて、前栽《せんざい》の中に隠れゐて、河内へ往ぬる顔にて見れば、この女、いとよう化粧じて、うちながめて、

風吹けば沖つしら浪《なみ》(注2)たつた山夜半《よは》にや君がひとり越ゆらむ

と詠《よ》みけるを聞きて、かぎりなくかなしと思ひて、河内へも行かずなりにけり。

まれまれかの高安に来て見れば、はじめこそ心憎くも作りけれ、今はうちとけて、手づから飯匙《いひがひ》とりて、(注3)笥子《けこ》の器物《うつはもの》に盛りけるを見て、心憂がりて行かずなりにけり。さりければ、かの女、大和の方《かた》を見やりて、

君があたり見つつを居らむ(注4)生駒《いこま》山雲なかくしそ雨は降るとも

と言ひて見出だすに、からうじて、大和人(注5)「来む」と言へり。よろこびて待つに、たびたび過ぎぬれば、

君来むと言ひし夜ごとに過ぎぬれば頼まぬものの恋ひつつぞ経る

と言ひけれど、男住まずなりにけり。

(注)
1河内の国……現在の大阪府南部。
2たつた山……奈良県生駒郡にある山。当時は大和国と河内国とを結ぶ経路であった。
3笥子の器物……飯を盛る器。
4生駒山……大阪府と奈良県との境に位置する山。
5大和人……ここでは、大和国から河内国へと通ってくる夫のこと。

【『大和物語』百四十九段】

昔、大和の国、葛城《かつらぎ》の郡にすむ男女《をとこをんな》ありけり。この女、顔かたちいと清らなり。年ごろ思ひ交はして住むに、この女いとわろくなりにければ、思ひわづらひて、かぎりなく思ひながら妻《め》をまうけてけり。この今の妻は富みたる女になむありける。ことに思はねど、行けばいみじういたはり、身の装束もいと清らにせさせけり。かくにぎははしきところに慣らひて、来たれば、この女いとわろげにてゐて、かくほかに歩《あり》けど、さらに妬《ねた》げにも見えずなどあれば、いとあはれと思ひけり。心地にはかぎりなく妬く心憂しと思ふを、忍ぶるになむありける。とどまりなむと思ふ夜も、なほ「往ね」と言ひければ、わがかく歩きするを妬まで、ことわざするにやあらむ。さるわざせずは、恨むることもありなむなど、心のうちに思ひけり。さて出でて行くと見えて、前栽の中に隠れて、男や来ると見れば、端《はし》に出でゐて、月のいといみじうおもしろきに、頭《かしら》かい梳《けづ》りなどしてをり。夜更くるまで寝ず、いといたううち嘆きてながめければ、「人待つなめり」と見るに、使ふ人の前なりけるにいひける。

風吹けば沖つしら浪たつた山夜半にや君がひとり越ゆらむ

と詠みければ、わが(注1)上を思ふなりけりと思ふに、いとかなしうなりぬ。この今の妻の家は龍田《たつた》山越えて行く道になむありける。かくてなほ見をりければ、この女うち泣きて臥して、(注2)金椀《かなまり》に水を入れて、胸になむ据ゑたりける。「あやし、いかにするにかあらむ」とてなほ見る。さればこの水、熱湯《あつゆ》にたぎりぬれば、湯ふてつ(注3)。また水を入る。見るにいとかなしくて、走り出でて、「いかなる心地し給へば、かくはし給ふぞ」と言ひてかき抱《いだ》きてなむ寝にける。かくてほかへもさらに行かでつとゐにけり。

かくて月日多く経て思ひけるやう、「つれなき顔なれど、女の思ふことといといみじきことなりけるを、かく行かぬを、いかに思ふらむ」と思ひ出でて、ありし女のがり行きたりけり。久しく行かざりければ、つつましくて立てりけり。さてかいまめば、(注4)我にはよくて見えしかど、いとあやしきさまなる衣を着て、大櫛《おほぐし》を面櫛《つらぐし》にさしかけてをり、(注5)手づから飯盛《いひも》りをりける。いといみじと思ひて、来にけるままに、行かずなりにけり。

（注）
1わが上を思ふなりけり……私のことを思っているのだなあ、の意。
2金椀……飯を盛る金属製の器。
3ふてつ……捨てた、の意。
4かいまめば……のぞき見をすると、の意。
5面櫛にさし……髪を上げて前髪に櫛を指し、の意。

問　この二つの文章を読んだ六人の生徒A～Fの授業後の感想として、本文の内容と合致するものを次の中から一つ選びなさい。

① 生徒A――『伊勢物語』も『大和物語』も歌物語と言われるだけあって、歌の力を感じた。両方にある「風吹けば」の歌が夫の心を変えただけでなく、『伊勢物語』の「君があたり」の歌は夫に「行こう」と言わせるきっかけになるし、同居はしないがときどき通ったのは「君来むと」の歌の力だと思った。

② 生徒B――『伊勢物語』とは違って、『大和物語』では、美しかった容貌が衰えたことで、元からの妻から夫の足が遠のいたと書いてある。それでも、きちんと化粧をしていたからこそ、元からの妻は夫の愛を取り戻すことができたので、化粧は当時の女性にとっても大切だったのだとわかった。

③ 生徒C――『伊勢物語』と『大和物語』で共通する部分に、二人の妻の描かれ方がある。どちらにも、

元からの妻は、夫が見ているとは気付かないまま、身なりを整えて歌を詠むようなたしなみのある人物だが、新しい妻は、自分でご飯を盛るような品のない人物であると書かれている。

④ 生徒D——『伊勢物語』と『大和物語』に共通する「風吹けば」の和歌が、「風吹けば沖つしら浪」が「たつ」を導く序詞で、主旨は、「龍田山をあなたはこの夜中に一人で越えるのだろうか、いやあの女性と二人で仲良く越えているのだろう」という嫉妬の歌であるというのが面白かった。

⑤ 生徒E——『大和物語』にだけ書かれた「金椀」の箇所が面白かった。なかなか来ない夫を心配した、新しい妻は、お椀に水を入れて胸に当てるとそれがすぐにお湯になったという。これが、胸中にある夫への「思ひ」と「火」との掛詞をもとにして、それが実際に起こったという意味だとわかったからだ。

⑥ 生徒F——元からの妻の浮気を疑う夫は、『伊勢物語』でも『大和物語』でも、「かなし」く思ったと書かれているけれど、自分が先に浮気をしておいて、元からの妻がほかの男性を心配する歌を詠んだのを聞いて嘆くのは、身勝手すぎると思った。

違うところもあるけど、どこかと言われると……。

似ている二つの話を漫然と読んでいると、頭の中で混ざってしまうものです。たとえば、マンガのアニメ化とか、小説の映画化とか、そのような場合を考えてみてください。**だいたい一緒でちょっと違う**世界ですよね。類話の比較検討というのは、「マンガとアニメのどっちがいいか」や「小説の世界観が映画でどう作られるのか」

などといった、ちょっとだけマニアックな、細部にこだわった世界なのです。たとえば、小説の世界には出てこない人物が映画には出てくるとか、マンガのキャラがアニメだと少し濃いめのキャラになっているとか、そういうことです。主人公が別人だとか、ストーリーが完全に違うというものではないのです。だからこそ、**けっしてやってはいけないのは、二つの話をまとめて、一つのお話を作り上げること**です。自分の好きな作品が別のメディアになったときに、「自分としてはこっちが好き」、「あっちはここが変えられていてイマイチだった」と思ったりすることは、誰にでもありますね。そのときに、「だいたい一緒じゃん」とか「違いがあったっけ?」なんて言われると、その人のがさつさに腹が立つこと間違いなしです。だから、類話を比較する際にも、細部にこだわってやってください。

では、具体的にどうしていくのか。まずは、**簡潔にストーリー（話の流れ）をつかむ**ところから始めます。ストーリーをつかむ、というのもかなり抽象的な物言いなので、もうすこしかみ砕けば、話の内容を知らない相手に一言で説明するような場面を考えてもらうとよいかと思います。それもなるべく具体的に、知り合いの誰かを想定したほうがうまくいきます。

『伊勢物語』

①夫は、元からの妻のほかに新しく妻を作った。
②元からの妻の歌を聞いて、夫は新しい妻のところへ行かなくなった。
③夫は、新しい妻の行動を見て、行かなくなった。（→元の鞘《さや》に収まった。メデタシ、メデタシ）

この程度で充分です。②と③の後半は、古文そのものがそういう叙述ですが、内容が重なりますので、②③はまとめて「**元からの妻の歌を聞き、新しい妻の行動を見た結果、元の夫婦関係だけになった**」でもかまいません。
それを抱えたまま、比較対象の『大和物語』を見ましょう。

『大和物語』
①夫は、元からの妻のほかに新しく妻を作った。
②元からの妻の歌を聞いて、夫は新しい妻のところへ行かなくなった。
③夫は、新しい妻の行動を見て、行かなくなった。(→元の鞘に収まった。メデタシ、メデタシ)

だいたいのところが同じです。これでまずはよいのです。次に、「間違い探し」のようにどこかに違いはないかと探すのですが、まずは似たエピソードは置いておいて、**独自のエピソードはないか**と探してみるのが一番です。たとえば、②の中の「聞いて」と「行かなくなった」の間に、『伊勢物語』にはなかった金椀《かなまり》の話が出てきますね。

ここ、かなり変ですよね。お湯が沸くほどの体温だなんて。

少し脇道にそれますが、このなんとも不自然なエピソードをちょっと解説しておきましょう。お湯を沸かしたという「この女」とは、夫が「なほ見をりければ(=さらに見ていると)」というのですから、それまでにも見ていた元からの妻のことです。彼女の胸がそれほど熱くなった謎を解く鍵は、次のような箇所に見られます。『蜻《かげ》蛉《ろう》日記』天《てん》禄《ろく》元年十二月の条には、夫の兼《かね》家《いえ》の足がすっかり遠のいたことに涙した筆者の歌があります。

思ひせく胸のほむらはつれなくて涙を沸かすものにざりける

この歌は、「思ひせく」が心の中でせき止めていること、「思ひ」が「火」との掛詞《かけことば》、「胸のほむら」が心の中の燃えるような思い、「つれなし」が平然としているさま、「にざりける」は「にぞありける」の略なので、全体としては**「夫への思いをせき止めている私の胸の内の熱情は、外からは見えないけれど、この涙を沸かして熱く流れるものであるよ」**という内容になります。ここで、**外から見えない私の思いが炎となって、涙を熱く沸かしているのだ、という発想**が見られます。これを参考にすれば、この箇所の「金椀」の話が見えてきます。彼女にも、蜻蛉日記の作者と同じく、火のような思いがあったのです。涙の温かさをその思いの表れと考える蜻蛉日記はそれなりに筋の通るものですが、大和物語のこの女は、胸が物理的に熱くなった、というのですから、物語というフィクションらしい場面ではあります。けれど、そのフィクションゆえに、平然と自分を送り出す元からの妻の心の内が、夫には見えたのでした。歌に見られる掛詞どおりに生きる妻の姿は、ある意味、歌物語ならではの姿と言えるかもしれません。

そうか。「思ひ」と「火」の掛詞が現実に起きたって言いたいんですね。

そうですね。このエピソードが書かれることで、夫がよその女へ通うことに大きく傷ついている妻の内面がはっきり浮かび上がってきます。対する『伊勢物語』では「うちながめて」の一言ですから、『大和物語』のほうが、より深く、元からの妻の内面を語ろうとしていることが見て取れます。

また、③（新しい妻の行動）についても、『伊勢物語』には新しい妻の歌が二首見られますが、『大和物語』には見られません。つまり、『大和物語』は、元からの妻の歌を一首だけ書くことで、元からの妻の思いを描くことと その結末とをシンプルに示したということになります。

さて、本文の解説や着眼点の説明が長くなりましたが、そろそろ設問の解説に入ります。

このような内容合致に類する問題の場合、**やってはいけないのは自分の記憶力で勝負すること**です。短時間で二つの類話を読んだのですから、いつも以上に混乱をきたしている可能性があります。ですから、選択肢の吟味をする際には、**必ず本文と照らし合わせてください**。どちらの文章のどの部分を指した選択肢なのかを考え、その古文と照合することで、少し時間がかかりはしますが、その分の費用対効果（得点のことです）は充分に得られます。その際には、次のような箇所にチェックを入れながら判断すると、効率よく得点になります。

選択肢と本文とを照合するときのポイント

①**場面**（日時や場所）は正しいかどうか。
②**動作主体**や**目的語**は正しいかどうか。
③**古今異義語**が正しく訳されているか。
④**打消語の有無**は確認したかどうか。

一言で言えば、**事実誤認がないかどうかを見極めろ**、ということです。この箇所をそうも読めるかもしれないとか、この歌を深読みするとそういう解釈も成り立つかもしれないとか、はっきり書いていないのでその可能性が否定できないとか、このようなあいまいなものの判断は最後の最後です。まずは、事実の確認、これを忘れないでくださいね。

選択肢を読むと、「そうも言えそうだ」と思っちゃって、かえって混乱していました。事実かどうかをチェックすればいいんですね。

さて、解説。①は、歌によって大きく状況が変わるのですから、「歌の力」とは言えそうですね。歌には状況や神仏までをも動かす力があると語る話を「歌徳説話」などと呼びますし、考えてみればこういう内容の話、古文でよく見ますよね。でも、気を付けてください！　たしかにそう言えるかも、という判断は後回しにするのでしたね。ここでも、事実確認から始めましょう。『伊勢物語』のほうが話題になっています。二首目の「君があたり」の歌の直後には「大和人『来む』と言へり」とありますから、それが歌の力かどうかは判断せずにその次へ。三首目の「君来むと」の歌ですが、このあとには「男住まずなりにけり」とあります。古語「住む」には、「❶同居する」のほかに「❷男が女のところへ通う」意もあります。❶で取って、「同居はしないが通った」と理解するのが①の選択肢ですが、この直前に「(新しい妻は、「君来むと」の歌を) 言ひけれど」と逆接があること、また、夫は「行かずなりにけり」と繰り返しその行動が書かれ、「来む」とは言ったものの**「たびたび過ぎぬれば」とあるので、結局は来なかったことが明らか**です。したがって、「同居はしないがときどき通った」は事実と異なります。

②は『大和物語』における元からの妻の化粧が話題です。「頭かい梳りなどしてをり」とあるので、髪を整えたことはたしかです。これを化粧と言えるかもしれません。ところが、その前の「美しかった容貌が衰えた」の

箇所が事実誤認なのです。本文には、「この女、顔かたちいと清らなり」とあるので、美しい容貌であったことは間違いありません。けれど、「この女いとわろくなりにければ」とは、具体的に何がよくなくなったのかは書かれていないのです。その下文に「かぎりなく思ひながら妻をまうけてけり」とありますから、元からの妻への思いは持ちながらも、新しい妻を作ったことになるので、どうも容貌が衰えて愛情が薄れたというのは苦しい解釈です。また、新しい妻は裕福だと書かれた箇所に続けて、「かくにぎははしきところに慣らひて、来たれば、この女いとわろげにてゐて」とある部分を解釈すると、**「新しい妻の所の裕福な生活に慣れてから、元の妻のところへ来ると、元からの妻の所はよくない感じで」**となるので、生活状態に関して「わろげ」だと捉えるのが自然です。**元からの妻の家が豊かでなくなったので、渋々新しい結婚をした**、という展開です。したがって、この選択肢も事実と異なります。

③は、両作品の共通部分を話題としています。どちらの話でも夫は「前栽の中に隠れ」、つまり庭の植え込みに隠れているわけですから、**元からの妻が夫に見られていると気付かないのは正しい**。また、身なりを整えているのはどちらも書かれています。歌も詠みます。さてそれが「たしなみのある」かどうか、これは判断を保留しましょうというのが方針でした。また、新しい妻に関しては、**「手づから飯匙とりて、笥子の器物に盛り」**（『伊勢物語』）、**「手づから飯盛りをりける」**（『大和物語』）とあり、事実として正しい。これが「品のない」と言えるかどうか慎重になるとしても、まあ、その結果として振られるので、美徳でないことだけはたしかです。ともあれ、この選択肢には事実誤認がありませんでした。

④は「風吹けば」の歌についてです。「風吹けば沖つしら浪―立つ」はこれで一つの風景となりますが、どうもこの奈良から大阪への山越えに合いませんし、「(立つ)たやま」では意味が通じません。ここは「立つ」と「たつた山」の「たつ」とを重ねながら、「風吹けば沖つしら浪」を序詞と考えるのは正しい。ところが、歌の後半

部「たつた山夜半にや君がひとり越ゆらむ」の解釈に誤りがあります。この選択肢は「や」を反語と取って、二人で越えているだろうと解釈しますが、この「や」は夜中に龍田山を一人で越えているであろう我が夫の姿を、「らむ」という現在推量で描いたものの、その不確かさのために「や」と軽く疑問を添えたものです。「一人」を反語にして「二人」と取るのはいただけません。**夫の向かう先が新しい妻のもとですから、二人で山を越えるはずがない**のです。したがって、これは誤読です。

⑤は、『大和物語』固有の「金椀」の箇所が話題です。先ほど説明したので割愛しますが、「金椀」のエピソードが、掛詞を元にしたものであること、夫への思いであることは正しい。ところが、「新しい妻は」という動作主体が間違っています。**正しい動作主体は「元からの妻」です**。

⑥は両作品の夫の行動についての感想です。夫は「こと心ありてかかるにやあらむ」（『伊勢物語』）、「ことわざするにやあらむ」（『大和物語』）とあるように、妻に対して、ほかの人への心や行為があるのかと疑っています。「妻の浮気を疑う」は事実として正しい。また、「風吹けば」の歌の後には、夫の行動として「かなし」と思ったことが書かれています。しかし、古語「かなし」は「かなしい」意のほかに、「いとしい」の意もあります。『伊勢物語』では、直後に**「河内へも行かずなりにけり」と続くので、ここでは、元の妻への愛しさを感じたというのが正しい理解**です。したがって、この古語の解釈が誤りです。

このように見てくると、**正解は③**だとわかります。類話の内容合致的な問題は非常に手間がかかりますが、先に挙げた点に注力して乗りきりましょう。

正解・③

第13節 本文と注釈

前節では、類話の読み方を学びました。この節では、類話以外の形に触れていきます。その典型的な形が**「本文」**と**「本文についての解説」**のように異なるレベルの文章が並ぶスタイルです。

古文についての「解説」がまた古文で書かれているんですか？

「古文」と一口に言っても、何百年ものひらきがある場合もあります。江戸時代の終わりから現在までが一五〇年として、そこから倍の三〇〇年戻っても戦国時代、とうてい平安時代までは戻りません。そのような長い年月の中で昔の書物が誤って写されていったり、意味がわからなくなったりすることもよくあるのです。そういう場合に、書き残されたいくつかの本を見比べて「これだ」と思う本文を決めたり新しく作ったりします。古文の世界は著作権などないですから、意外と安直に改訂したりするのです。

僕たちから見たら同じ古文の世界の人たちにも、もうわからない「古文」があるんですね。

「文学」に触れる階層は、時代と共にどんどん拡大していきますし、「文学」に触れる地域も広がります。だから、「文学」の言葉自体もどんどん変わっていくのです。そこで「解説」が必要になります。「解説」は、その筆者な

りの論理にそって説明的に書かれているため、読みやすくなりそうなものですが、かえってそこに落とし穴があります。入試で触れる古文の多くは、物語や説話、日記といった、ストーリー性のあるものが多いですよね。そこに、見慣れない論理的な文章が入ると案外読みづらいのです。物語や説話などは、ストーリーの展開上、わかることをあまり書きません。「久しぶりに恋人が自分のもとを訪れたので、うれしく思った」というだけで充分ですよね。どうして「うれしく思った」のかを延々と書き続けるようなことはしません。そんなことをしたら、かえってくどくて読みづらくなります。ところが、「解説」は違います。そういうくどさを持っています。だから読み手としては少ししんどいのです。

そこで、これらの文章に出会った場合には、まず、落ち着いて、**論理的に読む**ことを心がけてください。まず気を付けたいのは、**何が話題（問題）とされているか**です。これが意外とつかみにくいのですが、ここをつかまなければ話になりません。基本的には、冒頭部に明確に書かれることが多いので、そこで捉えておく必要があります。次に、**その話題に対する筆者の意見とその根拠**を読み取ります。その話題に批判的か、新しい意見を提出しているか、確認します。筆者の結論とも呼べる部分ですが、これが語られる位置はさまざまです。現代文の評論では、話題に対して検討を加え、論拠を挙げてから結論を出す、というスタイルが主流ですね。もちろん、この形式で書かれたものも多いのですが、古文の評論には、冒頭から結論が語られる、いわゆる頭括型もよく見られます。「私はこう思うよ。だって、～だから。たとえば、○○なんて例もあるでしょ」というスタイルです。その点は少し意識をしておいて損はないですよ。冒頭に結論部があったら、必ずチェックしてから読み進めましょう。

ここでは、具体的に、共通テスト試行調査の文章とその設問に触れます。試行調査では、書き写す人の考えによって本文に違いが生じる例として、『源氏物語』桐壺《きりつぼ》の巻の一節を**【文章Ⅰ】【文章Ⅱ】**として挙げています。**【文**

章Ⅰ】は藤原定家が整定したもの、【文章Ⅱ】は源光行《みつゆき》・親行《ちかゆき》親子が整定したものです。その【文章Ⅱ】の整定に関わった親行が、『原中最秘抄』という注釈書に、整定したときの逸話を書いています。特にこの箇所を問題にしているので、【文章Ⅰ】【文章Ⅱ】の該当箇所を載せておきます。

問題 次の【文章Ⅰ】〜【文章Ⅲ】を読んで、後の問いに答えなさい。

【文章Ⅰ】 太液《たいえき》の芙蓉《ふよう》、未央《びあう》の柳も、げに通ひたりし容貌《かたち》を、唐《から》めいたるよそひうるはしうこそありけめ

【文章Ⅱ】 太液の芙蓉も、げに通ひたりし容貌・色あひ、唐めいたりけむよそひはうるはしう、けうらにこそはありけめ、

【文章Ⅲ】

亡父光行、昔、五条三品（注1）にこの物語の不審の条々を尋ね申し侍りし中に、当巻に、「絵に描ける楊貴妃《やうきひ》の形は、いみじき絵師と言へども、筆限りあれば、匂ひ少なし。太液の芙蓉、未央の柳も」と書きて、「未央の柳」といふ一句を見せ消ち（注2）にせり。これによりて親行を使ひとして、
「楊貴妃をば芙蓉と柳とにたとへ、更衣をば女郎花《をみなえし》と撫子《なでしこ》にたとふ、みな二句づつにてよく聞こえ侍るを、御本（注3）、未央の柳を消たれたるは、いかなる子細の侍るやらむ」
と申したりしかば、

「我はいかでか自由の事をばしるべき。(注4)行成卿《きやう》の自筆の本に、この一句を見せ消ちにし給ひき。紫式部同時の人に侍れば、申し合はする様こそ侍らめ、とてこれも墨を付けては侍れども、いぶかしさにあまたたび見しほどに、(注5)若菜の巻にて心をえて、おもしろくみなし侍るなり」

と申されけるを、親行、このよしを語るに、

「若菜の巻には、いづくに同類侍るとか申されし」

と言ふに、

「それまでは尋ね申さず」

と答へ侍りしを、さまざま恥ぢしめ勘当し侍りしほどに、親行こもり居て、若菜の巻を数遍ひらきみるに、その意をえたり。(注6)六条院の女試楽、女三の宮、人よりちいさくうつくしげにて、ただ御衣のみある心地す、にほひやかなるかたはをくれて、いとあてやかになまめかしくて、二月の中の十日ばかりの青柳のしだりはじめたらむ心地して、とあり。柳を人の顔にたとへたる事あまたになるによりて、見せ消ちにせられ侍りしにこそ。三品の和才すぐれたる中にこの物語の奥義をさへきはめられ侍りける、ありがたき事なり。しかあるを、(注7)京極《きやうごく》中納言入道の家の本に「未央の柳」と書かれたる事も侍るにや。又(注8)俊成《としなり》卿の女《むすめ》に尋ね申し侍りしかば、

「この事は伝々の書写のあやまりに書き入るるにや、あまりに対句めかしくにくいけしたる方侍るにや」

と云々《しかじか》。よりて愚本にこれを用いず。

(注) 1 五条三品……藤原俊成。平安時代末期の歌人で古典学者。

2 見せ消ち……写本などで文字を訂正する際、もとの文字が読めるように、傍点を付けたり、その字

の上に線を引くなどすること。

3　御本……藤原俊成が所持する『源氏物語』の写本。

4　行成卿……藤原行成。平安時代中期の公卿で文人。書道にすぐれ古典の書写をよくした。

5　若菜の巻……『源氏物語』の巻名。

6　六条院の女試楽……光源氏が邸宅六条院で開催した女性たちによる演奏会。

7　京極中納言入道……藤原定家。藤原俊成の息子で歌人・古典学者。

8　俊成卿の女……藤原俊成の養女で歌人。

問　**【文章Ⅲ】**の内容についての説明として最も適当なものを、次の①～⑤のうちから一つ選べ。

①　親行は、女郎花と撫子が秋の景物であるのに対して、柳は春の景物であり、桐壺の巻の場面である秋の季節に使う表現としてはふさわしくないと判断した。そこで、**【文章Ⅱ】**では「未央の柳」を削除した。

②　俊成の女は、「未央の柳」は紫式部の表現意図を無視した後代の書き込みであると主張した。そして、俊成から譲られた行成自筆本の該当部分を墨で塗りつぶし、それを親行に見せた。

③　光行は、俊成所持の『源氏物語』では、「未央の柳」が見せ消ちになっていることに不審を抱いて、親行に命じて質問させた。それは、光行は、整った対句になっているほうがよいと考えたからであった。

④　親行は、「未央の柳」を見せ消ちとした理由を俊成に尋ねたところ、満足な答えが得られず、光行からも若菜の巻を読むように叱られた。そこで、自身で若菜の巻を読み、「未央の柳」を不要だと判

断した。

⑤　俊成は、光行・親行父子に対しては、「未央の柳」は見せ消ちでよいと言っておきながら、息子の定家には「未央の柳」をはっきり残すように指示していた。それは、奥義を自家の秘伝とするための偽装であった。

それでは、この設問の解説をしながら、「本文―解説（注釈）」型の戦略を練り上げていきましょう。

①の「女郎花と撫子が秋の景物」「柳は春の景物」という事実の指摘は、少し古文常識が必要ですが、そのとおりです。「桐壺の巻の場面である秋の季節」というのも、**【文章Ⅰ】【文章Ⅱ】**からはわからないものの、『源氏物語』の本文に即しています。さらに、結論部の「**【文章Ⅱ】**では『未央の柳』を削除した」も正しい理解です。ところが、**「使う表現としてはふさわしくないと判断した。そこで」とある箇所がおかしい。**因果関係のないところに無理矢理文章には書かれていない因果関係を付けているのです。したがってこれは不可。親行は、俊成の指摘と『源氏物語』若菜の巻の文章を根拠として、『未央の柳』を削除したのでした。

②は「俊成の女」の出てくる**【文章Ⅲ】**の文末の箇所と照合します。まず親行の発した質問を確認しましょう。俊成卿が『源氏物語』の本文から「未央の柳」を削除したことに納得した親行でしたが（①の選択肢参照）、その息子である、つまり父の学問を受け継いでいるはずの京極中納言入道（藤原定家）の本にはどうやら「未央の柳」と書いてある本もあるらしいのです（「書かれたる事も侍るにや」）。この文章には、親行の発した質問は直接書かれてはいないのですが、上記のような状況を考えれば、**「どうして定家の本では『未央の柳』の語が入ったままの、つまり誤った本文の本があるのですか」**と言ったところでしょう。その答えが俊成卿の女の発言です。

「この事は伝々の書写のあやまりに書き入るるにや（＝この本文は書き伝えられているうちに誤って書き入れているのだろうか）」とあり、誤ったものだという結論です。また、「あまりに対句めかしくにくいけしたる方侍るにや」とありますが、「にくいけしたる（憎い気したる）」と見えれば、「みっともない雰囲気をしている」となり、**「未央の柳」を入れると対句が強すぎて、かえってみっともない**、とその本文を批判していることになります。その発言も後押しになって、「愚本にこれを用いず」つまり、自分の本には、「未央の柳」の語句を入れた本文を採用しなかった、というのです。さて、選択肢を見ると、「俊成の女は～主張した。」という前半部はまったく正しいものです。しかし、「俊成から譲られた行成自筆本」の箇所は、**【文章Ⅲ】**に書かれていないので、真偽不明ということになります。さらに続く「墨で塗りつぶし」「親行に見せた」に至っては、どこにも書かれていません。行成自筆本には「見せ消ち」であった、ということしか事実はありません。したがって、これも不可。

③の前半部は、**【文章Ⅲ】**の冒頭部と対応していて、正しい。また「未央の柳」の語が消えていることを尋ねた理由については、「みな二句づつにてよく聞こえ侍るを」つまり、**二句ずつの対句の表現が上手にできあがっているように理解される**、というのですから、**「光行は、整った対句になっているほうがよいと考えたから」という選択肢の箇所ときちんと対応しています**。したがって、**正解は③**。

④は、親行が俊成に尋ねたところまでは本文と対応しています。俊成の答えには「行成卿の自筆の本に～」とあり、紫式部と同時代に生きた行成が見せ消ちにしていることを指摘します。また、その行成の本文に対して、「いぶかしさに」とあるので、俊成自身も不審に思ったと述べています。そして「若菜の巻にて心をえて」とついに見せ消ちにした根拠を自分で見つけ、「未央の柳」をやはり削除した、というのです。このように見ると、選択肢の「満足な答えが得られず」は微妙です。俊成は丁寧に答えていますが、この時点で、親行はまだ納得していないからです。そう考えると、保留しておくべき箇所でしょう。続く「光行からも若菜の巻を読むように叱

られた」というのが明確な誤りです。親行と光行の会話に、「若菜の巻には、いづくに同類侍るとか申されし」という光行の言葉がありますが、これは、「俊成の言った『未央の柳』を削除する根拠が若菜の巻のどこにあると俊成が言っていたのか」と尋ねるもので、それに**「そこまではお尋ねしていません」と答えた親行を「さまざま恥ぢしめ勘当し」**たのです。ですから、「そんなことも知らないのか！」と叱ったのでなく、「なぜ、若菜の巻のどこだか尋ねてこなかったのだ」というお叱りなのです。「光行からも」となると、**光行も俊成も「未央の柳」を削除する理由を知っているということになり、【文章Ⅲ】**の内容と合致しません。

⑤は、「俊成は、光行・親行父子に対しては、『未央の柳』は見せ消ちでよいと言っておきながら」というのは、④の選択肢の検討に見たように、誤りとは言いがたい。続く「息子の定家には『未央の柳』をはっきり残す」の箇所ですが、先に②の選択肢の解説に述べたように、定家の家の本に「未央の柳」の箇所を書いた本文があるので、事実としては合致しています。しかし、その**意図については、まったく本文に書かれていません。**しかも**「奥義を自家の秘伝とするための偽装」となると、俊成自身も「未央の柳」の入った本文のほうがよいと思っていたということになり**、俊成の女の意見とも齟齬《そご》が生じます。したがって、これは誤り。

正解・③

さて、事実としては正しい、というコメントが多いことに気付きましたか。文章に書いてある事実を完全に無視した論外な選択肢はこの設問形式の場合に通用しないので、まず見ることはありません。どこかに書かれていることを積み重ねます。そこで、類話の場合と同じく、**事実誤認を探す**ところから始めましょう。ただし、このスタイルの設問の場合、二つの文章のレベルが違うので、事実誤認をした誤答が作りにくいのです。そこで、次のような箇所をチェックしていきましょう。

選択肢と本文とを照合するときのポイント（「本文」と「注釈」のスタイルの場合）

前提 事実誤認がないかどうか。（主語などのチェック☞126ページ）

①**因果関係**は正しいかどうか。

②書かれている**事実の意味**は正しいかどうか。

③事実の**先後関係**は正しいかどうか。

日頃あまり触れない文章だから、ちょっと怖いんですよね。

たしかに、慣れというのは大事です。でも考えてみれば、現代文の評論で、論理的に読むことについては、たくさんの経験値を持っていますよね。それと比べれば、古文の「解説」なんてシンプルな因果関係でできています。あくまでクールに。そして、書かれていないけれどそうかもしれない、などとおびえないように。**基本的に、書かれていないことは不可**、ですからね。自信と落ち着きを持つことがやはり一番です。

第14節 実戦問題

さて、これが総仕上げの実力試し。共通テストの形式に揃えてありますから、二十分程度で全問正解、となれば、本番も安心です。

問題 **説話は、伝承されていく過程で表現や内容が異なってくる場合がある。次の【文章Ⅰ】と【文章Ⅱ】は、ともに藤原行成《ゆきなり》と藤原実方《さねかた》に関する説話である。【文章Ⅰ】と【文章Ⅱ】を読んで、後の問い（問1〜5）に答えよ。**

【文章Ⅰ】

大納言行成卿《きやう》、いまだ殿上人《てんじやうびと》（注1）にておはしけるとき、実方の中将、いかなる憤《いきどほ》りかありけん、殿上に参り合ひて、言ふこともなくて行成の冠を打ちおとして、庭になげすてけり。行成騒がずして、主殿司《とのもづかさ》（注2）を召して、「冠を取りて参れ」とて、冠して、守刀《もりがたな》より（注3）かうがい抜き出して、びんつくろひア居直りて、「いかなることにか候ふらん。Aたちまちかほどの乱罰にあづかるべきことこそ、おぼえ候はね。そのゆゑをうけたまはりてのちのことにやはべるべからん」とぞ、イうるはしく言はれける。しらけて、実方はたちにけり。

をりしも、主上、半蔀《はじとみ》より御覧じ、「行成はいみじきものなり。かくおとなしきこころのあるらんとこそ思はざりしか」とて、そのとき蔵人頭《くらうどのとう》（注4）の闕《けつ》（注5）ありけるに、B おほく人を越えてなされにけり。実方をば、中将を召して、「歌枕見て参れ」とて、陸奥守《むつのかみ》（注6）になしてぞ、遣《つか》はされにける。やがてかしこにて失《う》せにけり。

実方、蔵人頭にならでやみにけるをうらみて、執とまりて、すずめになりて殿上の小台盤《だいばん》（注7）にゐて、台盤を食ひけるよし、人言ひける。ひとりは忍をたもたざるがゆゑに ウ 先途《せんど》をうしなひ、ひとりは忍を信ずるによりて、褒美にあづかることを得たり。

（『十訓抄《じっきんしょう》』八の一）

（注）
1 殿上人……宮中の殿上《てんじょう》の間《ま》に入ることを許された、四位五位などの人。
2 主殿司……宮中の清掃を担当する部署の役人。
3 かうがい……髪をととのえる道具。
4 蔵人頭……天皇の側近として、食事の世話なども行う蔵人所《くろうどどころ》の実質的長官。
5 闕……欠員。
6 陸奥守……陸奥国の国守。
7 台盤……食膳。

【文章Ⅱ】

一条院の御時、実方、行成と殿上において口論する間、実方、行成の冠を取りて、小庭に投げ捨てて退散す、と云々。行成あらそふ気無くして、静かに主殿司を呼びて、冠を取り寄せて、砂をはらひてこれを着していはく、C「左道《さどう》にいまする公達《きんだち》かな」と云々。主上、小蔀《こじとみ》より御覧じて、「行成は召し使ひつべき者なりけり」とて、蔵人頭に補《ぶ》せらる。実方をば、「歌枕見て参れ」とて、陸奥守に任ぜらる、と云々。任国において逝去す、と云々。

（『古事談』二の三二）

問1　傍線部ア～ウの解釈として最も適当なものを、次の各群の①～⑤のうちから、それぞれ一つずつ選べ。

ア　居直りて

①　感極まって　②　くつろいで　③　居ずまいを正して　④　開きなおって

⑤　気を静めて

イ　うるはしく

①　簡潔な言葉で　②　直情径行に　③　美辞麗句で　④　理路整然と　⑤　綺麗《きれい》な声で

ウ　先途をうしなひ

①　将来をなくし　②　寿命を縮め　③　行く先が見えず　④　信用を失い

⑤　官職を取られ

問2　傍線部Ａ「たちまちかほどの乱罰にあづかるべきことこそ、おぼえ候はね」とあるが、このときの行成の心情はどのようなものか。その説明として最も適当なものを、次の①～⑤のうちから一つ選べ。

①　実方が暴行の理由をなかなか言わないことに不満な気持ち。

②　何も言わずに殴りつけてきた実方に対して憤慨する気持ち。

③　冠を庭に投げ捨てた実方の態度に対して不審に思う気持ち。

④　帝の前で実方と争いをするわけにも行かず困惑する気持ち。

⑤　唐突に実方に冠を投げ捨てられたことへの不愉快な気持ち。

第3章　二つの文を読む

問3　傍線部B「おほく人を越えてなされにけり」とあるが、その説明として最も適当なものを、次の①～⑤のうちから一つ選べ。

① 帝は、多くの人の意見を無視して、行成の出世を決定した。
② 帝は、殿上の間にいる多くの人より先に行成の振る舞いを賞賛した。
③ 行成は、位に就くべき多くの人より先に蔵人の頭になった。
④ 実方は、蔵人の頭から外れ、多くの人にさげすまれることになった。
⑤ 実方は、あらかじめ予定されていた蔵人の頭になれなくなった。

問4　傍線部C「左道にいまする公達かな」の解釈として最も適当なものを、次の①～⑤のうちから一つ選べ。

① 薄情な貴族の子弟たちだな。
② 貴族というのは不自由なものだ。
③ 実方は平和主義だときいていたのだが。
④ 実方はじつにひどい人間だ。
⑤ 仲裁しないものが帝だなんて。

問5　次に掲げるのは、**【文章Ⅰ】**と**【文章Ⅱ】**に関して、生徒と教師が交わした授業中の会話である。**【文章Ⅰ】**と**【文章Ⅱ】**の解釈として、会話の後に六人の生徒から出された発言①～⑥のうち、最も適当なものを一つ選べ。

生徒　この実方という人、たしかに暴力を振るったのはよくないけれど、相手を殴ったわけではないし、冠を取っただけですよね。なんでこんな話を昔の人は残したのかなあ。

教師　それは、冠に対する意識の違いもありそうだね。平安時代の貴族の男性は、成人すると髪をたばねてそれを「冠」や「烏帽子」と呼ばれる帽子のようなものに入れて外出したんだ。どうやらこれが取れた頭を見せることはとても恥ずかしかったらしい。寝ているときも着け続ける人もいたくらいだからね。それがわかると、実方の行動についても少しイメージがつかめてくるかな。

生徒　大人としてやってはいけないことをしたんですね、しかも殿上の間という公的な場所で。でも、なんで実方はそこまで怒ったんだろう。

教師　どちらの文章にもその理由は書いていないので、わからないけれど、ちょっと面白い説話が『撰《せん》集抄《じゅうしょう》』八の一八（**【文章Ⅲ】**）に残っているんだよ。

【文章Ⅲ】

昔、殿上の男《をのこ》ども、花見むとて東山におはしたりけるに、にはかに心なき雨の降りて、人々、げに騒ぎ給へりけるが、実方の中将、いと騒がず、木のもとによりて、かく。

　さくら狩り雨は降り来ぬおなじくは濡《ぬ》るとも花のかげに暮らさむ

と詠《よ》みて、隠れ給はざりければ、花より漏りくだる雨にさながら濡れて、装束しぼりかね侍り。このこと、興あることに人々思ひあはれけり。またの日、斉信《ただのぶ》大納言、主上に「かかるおもしろきことの侍りし」と奏せられけるに、行成、その時蔵人の頭にておはしけるが、「歌はおもしろし。実方はをこなり」とのたまひてけり。この言葉を実方もれ聞き給ひて、深く恨みを含み給ふとぞ聞こえ侍る。

生徒　花見のときの実方の振る舞いをほかの人々はほめていたのに、行成は批判したんですね。なるほど、それが原因なんですね。

教師　いや、『撰集抄』では、行成が「蔵人の頭」という地位にすでに就いているから、さっきの【文章Ⅰ】や【文章Ⅱ】とは矛盾するね。この辺りを少し板書で整理してみよう。

①　生徒A――【文章Ⅱ】の行成は、「左道にいますする公達かな」と一言しか発していないので、長々と話して相手を論破した【文章Ⅰ】よりも、行成の寡黙で誠実な人柄が強調されていると読めます。

②　生徒B――【文章Ⅱ】では、「あらそふ気無くして」や「静かに主殿司を呼びて」とあるように、行成は落ち着いた行動をしているのに対して、【文章Ⅰ】ではすぐに冠を取りに行かせるというせっかちな面が対比的に描かれていると読めます。

③　生徒C――【文章Ⅰ】では、「大納言」と明記して、行成のその当時の地位の高さを強調する書き方がされているので、行成の地位を書かない【文章Ⅱ】よりも、実方の行動の無礼さがいっそう強調されていると読めます。

④　生徒D――【文章Ⅰ】では、【文章Ⅱ】に書かれた「口論」の語が書かれていないことに注目すると、【文章Ⅰ】で描かれる実方のほうが唐突に行動に出てしまったことが強調されていると読めます。

⑤　生徒E――帝の行動を見比べてみると、【文章Ⅰ】では帝が実方を呼んで直接に話をしているため、情け深い人物として描かれるが、【文章Ⅱ】では、その場面がないので、厳格さが強調されたと読めます。

⑥　生徒F――【文章Ⅲ】を読んでみると、実方はかなり上手な歌詠みだとわかるので、【文章Ⅰ】【文章Ⅱ】共に、帝が「歌枕見て参れ」と言ったのも、実方に歌の修業をさせようとする優しさの表れだと読めます。

訳

【文章Ⅰ】

大納言行成卿が、まだ殿上人でいらっしゃったとき、実方の中将は、どのような怒りがあったのだろうか、殿上の間に参上して出会って、何も言わずに行成の冠を打ち落として、庭に投げ捨ててしまった。行成はあわてずに、主殿《とのも》司《づかさ》をお呼びになって、「冠を取って参れ」と命じて、冠を着け、守刀から笄《こうがい》を抜き出して、髪をととのえて居ずまいを正してから、「どういうことでございましょうか。突然にこれほどのひどい仕打ちを受けるようなことは、記憶にございません。（私の対応は、）その理由をお聞きした後のことでございましょうか」と理路整然とおっしゃった。しらけて、実方は去って行ってしまった。

ちょうどそのとき、帝は、半蔀《はじとみ》からご覧になっていて、「行成はたいしたものである。これほど思慮分別の心があるだろうとは今まで思っていなかった」と言って、そのとき蔵人頭《くろうどのとう》の欠員があったのだが、たくさん（蔵人頭になるべき）人を飛び越す形で（行成を蔵人頭に）なさった。実方については、中将の職をお取り上げになって、「歌枕を見て参れ」と言って、陸奥《むつ》の国守にして、派遣なさった。（実方は、）そのままそこで亡《な》くなってしまった。

実方は、蔵人の頭にならずに終わったことを恨めしく思って、この世への執着が残って、雀《すずめ》に生まれ変わって殿上の小台盤のところに着いては、食事をついばんだということを、人々が話をした。一人は忍耐力を持たなかったために将来をなくし、もう一人は、忍耐する大切さを信じたために、恩恵をこうむることができた。

【文章Ⅱ】

一条院のご治世に、実方は、行成と殿上の間で口論しているうちに、行成の冠を取って、小庭に投げ捨てて去って行ってしまった、と云々《うんぬん》。行成のほうは争う気もなくて、静かに主殿司を呼んで、冠を取り寄せて、砂を払ってこれを着けてから言うことには、「ひどいことをなさる方だなあ」と、云々。帝は、小蔀《こじとみ》から（この様子を）ご覧になって、「行成は召し使うのにふさわしい者であるよ」と言って、蔵人頭に任命なさる。実方のほうを、「歌枕を見て参れ」と命じて、陸奥の国守に任命なさる、と云々。（実方は）任務した国で亡くなる、と云々。

【文章Ⅲ】

昔、殿上人たちが、花見をしようと思って東山にいらっしゃったところ、急に無粋な雨が降って、人々は、たしかにあわてふためいていらっしゃったが、実方の中将は、すこしもあわてずに、（桜の）木のもとに寄って行って、このように（歌を詠《よ》んだ）。

さくら狩り……＝桜の花を見に来てみると雨が降ってきた。どうせ同じことなら、たとえ雨に濡《ぬ》れるにしても花のもとで過ごそう

と詠んで、（雨から）逃げなさらなかったので、桜の花からしたたり落ちる雨ですっかり濡れて、装束もいくら水を絞っても絞りきれない様子です。この実方の振る舞いを、おもしろいことだと人々は思っていらっしゃった。翌日、斉信《ただのぶ》の大納言が、帝に「（昨日は）このような趣深いこと（＝実方の振る舞い）がございました」と奏上いたしなさったところ、行成は、その当時、蔵人頭でいらっしゃったが、「歌は趣がある。（しかし、そのような振る舞いをした）実方はおろかだ」とおっしゃった。この発言を実方も漏れ聞きなさって、深く憎しみを抱いていらっしゃると噂になっています。

問1から解説していきます。

ア「居直りて」は、重要古語**「ゐなほる」**の語義が問われています。「ゐなほる」は、ワ行上一段動詞「居《ゐ》る」とラ行四段動詞「直る」が付いた複合動詞で、「ゐる」が「座る」の意を基本とすることから、**「きちんと座り直す、居ずまいを正す」**などと訳す語。なお、きちんと座り直す意から転じて、(自分の不利な点を相手に突かれたときに)座り直して相手に何かを言い返そうとする意、すなわち開き直る意も出てきますが、これは現代語の用法。さらに言えば、ここの行成は不利な点を指摘されていないので合いません。したがって、**正解は③**。

イ「うるはしく」は、シク活用形容詞**「うるはし」**の連用形。「うるはし」は礼儀上欠点がなく整ったようすを指す語で、**「❶端正だ、整っていて美しい。❷誠実だ、きちんとしている。❸正しい、正式だ。❹綺麗だ、美しい。」**などと訳します。①「簡潔な言葉で」、②「直情径行に(=感情のままに行動するさま)」は語義にないので不可。③「美辞麗句で」⑤「綺麗な声で」は、❹の語義に合致しますが、「美辞麗句」とは飾り立てた言葉のことで、この行成の発言に、特別な飾り立てた表現はないので合いません。⑤も、下文につなげた場合に、「綺麗な声だから実方はしらけた」となり、合いませんね。④「理路整然と」であれば、感情的に相手に食ってかかる実方に対して、**ムキにならずに冷静に対応した行成の「理路整然と」した態度に気勢がそがれた**となり、文脈に合致します。したがって、**正解は④**。

ウ「先途をうしなひ」は、**「先途」**の語義が問われています。名詞「先途」は、さきにあるものを、時間的に空間的に社会的に用いる語で、**「❶進む先、落ち着く先。❷ものの終わり、最期《さいご》。❸勝負所、瀬戸際。❹家の格で将来なるはずの官職、極官《ごっかん》。」**などと訳す語。ここでは上文に「忍をたもたざる」とあるので、実方について語られています。実方が失ったものを考えればよいのです。**都以外の地へ左遷されたということは将来性を失ったということになるので、**①**「将来」がふさわしい。**②「寿命」は❷の語義と合いそうですが、「うしなひ」が合いません。③「行く先」は空間の問題になっていて、文脈に合いません。④「信用」は語義にないので不可。⑤「官職」は、❹の語義に合いそうですが、「官職を取られ」とは今ある官職を取られることであり、将来なるはずの官職を失うこととはずれています。したがって、**正解は①**。

続いて、**問2**。「たちまち」は、現代語にも通じ、「突然、すぐに、今まさに」などと訳す語。ラ行四段動詞「あづかる」は「関与する、仲間になる、いただく」などと訳す語。「おぼえ候はね」は、ヤ行下二段動詞「おぼゆ」の連用形と、丁寧の補助動詞「候ふ」の未然形と、打消の助動詞「ず」の已然形の付いた句。「ず」が已然形になるのは、上にある係助詞「こそ」の結びであるため。全体としては、**「突然にこれほどのひどい仕打ちを受けるようなことは、記憶にございません」**などと訳せます。ここでいう「これほどのひどい仕打ち」とは、実方が行成の冠をいきなり打ち落として庭に投げ捨てた、一連の振る舞いを指します。**問5**の教師と生徒の会話に見られたように、当時の男性にとって、冠を取られ、何も着けていない頭を見られることは、ある意味では裸を見られるよりも恥ずかしいことでした。したがって、頭を見られた恥ずかしさ、実方の行動へのとまどい、あるいは怒り、といった感情が想定されます。その意味では、①〜⑤の選択肢のまとめにあたる箇所は、「不満、憤慨、不審、困惑、不愉快」どれも許容範囲内です。そこで、各選択肢の前半部を検討していくことになります。①は「実方が暴行の理由をなかなか言わないこと」への不満とありますが、ここは初めて実方に理由を尋ねた場面であり、「なかなか言わない」が合いません。②は、「何も言わずに」は本文と合致するものの、「殴りつけてきた」が誤り。実方は冠を奪って投げ捨てたのであって、行成を殴ったのではないですね。③は、事実としておおむね正しいが、「乱罰」という行成の言葉の核心は、冠をはずされたことにあり、それをひどい仕打ちだと思っていることも明らかです。したがって、「なぜ庭に投げ捨てたのか」という疑問を抱く場面ではありません。④は、後文に「をりしも」帝が見ていたとあり、偶然帝が見ていたとわかるので、「帝の前で」と行成はわかっていません。また、他人の目を気にするそぶりも描かれていません。⑤は**「乱罰」の核心である冠をはずされたことについて触れており、本文の主題でもある「忍を信ずる」と重ねれば、行成が耐えていたことがわかります。**とすれば、内心の怒りや不愉快さを耐えて、大人の対応をしたと取るのがよいですね。したがって、**正解は⑤**。

問3にいきます。傍線部にある「なされにけり」は、サ行四段動詞「なす」に助動詞「る」、助動詞「ぬ」、助動詞「けり」の付いたもので、助動詞「る」を尊敬とすると「なさった」と訳すことになり、主語は帝。また、受身とすると「された」となり、主語は行成。ここでは、帝の行為が「御覧じ」「『…略…』とて」と続くので、尊敬と取り、主語を帝とするのが適切です。また、その目的語は、直前に「蔵人頭」の欠員があると語られることからわかります。この箇所は「帝は蔵人頭になさった」という意味になります。「おほく人を越えて」とは、その文脈に合わせれば、「蔵人の頭になるべき人を飛び越える形で」などと理解し、行成が大抜擢《ばってき》されたと理解できます。この内容にあたるものを探せばよいのです。傍線部の主語は帝であるが、帝を主語とした①②の選択肢は、それぞれ、①「人の意見を無視して」、②「殿上の間にいる多くの人」「賞賛した」の箇所が明らかに誤りなので不可。③は、傍線部の内容を**行成を主語として言い換えた**ものなので、**正解は③**。

問4です。**「左道」**と**「公達」**の意味内容の把握がポイント。「左道」とは「正しくないこと、悪いこと」を指す語。重要古語「公達」は、「❶身分の高い家柄の子息。❷あなたさま。」などと訳す語。ここは、口論の末、実方が行成の冠を投げ捨てて立ち去った後の場面です。行成は落ち着いて、まず冠を着け直し、傍線部を口にしたというのです。とすれば、**自分を辱めた実方の行為に対して「左道」と言い、ここの「公達」とは実方のこと**とわかります。①は「公達」の語義には合いますが、これに該当する人物は本文中に出てこないので不可です。②も「公達」を貴族一般としており、合いません。⑤も、帝を話題としているのが誤り。③と④は、いずれも実方を話題としているうえに、実方を不愉快に思う気持ちから出た語句として悪くはありません。しかし、③「平和主義だときいていた」は、本文中から読み取りがたいうえに、「きいていた」という過去の事実を語る選択肢は、「いまする」という過去の助動詞を持たない本文と合いません。したがって、**正解は④**。

さあ、最後の**問5**です。類話における内容合致の場合には、**対象となる文章と照合して、事実誤認を見つける**という方針を持つことが大事だと先に述べました（☞第3章第12節）。その視点から各選択肢を見ていきましょう。

①は**【文章Ⅱ】**の行成を対象として「一言しか発していない」と言っているのは事実どおり。逆に、**【文章Ⅰ】**がそれより長く話しているのも事実。しかし**「相手を論破した」は実方が無言のまま帰った事実とずれます**。したがって不可。

②は**【文章Ⅱ】**の行成を「落ち着いた行動をしている」と取っており、これは事実と認定してよいでしょう。一方、**【文章Ⅰ】**については、「すぐに冠を取りに行かせる」とまとめていますが、本文には**「すぐに」と直接的には書かれていません**。さらに、「せっかちな面が対比的に描かれている」という指摘は、**【文章Ⅰ】**の中で**「うるはしく」と行成の行動が評されたり、帝がその「おとなしきこころ」を褒めたりしているところと矛盾します**。したがって不可。

③は、行成の地位の書き方に触れています。**【文章Ⅰ】**には「大納言」とあり、**【文章Ⅱ】**には書かれていません。しかし、**「大納言」を「行成のその当時の地位の高さ」としている点が誤り**です。本文では「大納言行成卿、

いまだ殿上人にておはしけるとき」とあり、**当時はまだ「殿上人」**なのです。「大納言」とは行成がその生涯で就いた最も重い役職（＝極官）と呼ぶ）で、後の時代の人々が、敬意を表して、その人の最高位で呼んだのです。

なお、大納言は、左大臣・右大臣に次ぐ要職で、「殿上人」ではなく、「上達部《かんだちめ》」にあたります。

上達部（かんだちめ）	**超一流**	摂政・関白・大臣・大納言・中納言・参議および三位以上の貴族。
殿上人（てんじょうびと）	**一流**	清涼殿の殿上の間への昇殿を許されている人。四位五位の貴族と六位の蔵人。　※「**蔵人**（くろうど）」……蔵人所に所属する天皇の側近。秘書的な役目を果たす。
地下人（じげびと）	**普通**	昇殿を許されていない人。六位以下の貴族。

④は、**【文章Ⅱ】**の「口論」についての指摘です。これは事実であり、**【文章Ⅰ】**には見られません。すると、問題は、**【文章Ⅰ】**の実方のほうが「唐突に行動に出てしまった」と言えるかどうかです。**【文章Ⅰ】**の実方は「登場→無言→冠を投げ捨てる→（行成の発言）→しらけて帰る」、**【文章Ⅱ】**では「口論→冠を投げ捨てる→退散する→（行成の発言）」と、出来事の順序が異なっています。**【文章Ⅱ】**では口論の末ですから対立して興奮して投げたと因果関係が示唆《しさ》的に描かれています。ところが、**【文章Ⅰ】**では、実方の行動の理由はわからないままです。
この差異を**【文章Ⅰ】の実方のほうが唐突だと指摘するのは正しい**と言えます。したがって、**これが正解。**
⑤は、帝の行動について書かれています。**【文章Ⅰ】**では「**帝が実方を呼んで直接に話をしている**」とありま

第3章 二つの文を読む

すが、実はこれは事実誤認です。「実方をば、中将を召して、『歌枕見て参れ』とて、陸奥守になして」という本文は「実方をば」を「中将を」と言い直したのでなく、「中将を召して、……陸奥守になして」という述語のつなぎによって、「中将」という役職を取り上げて「陸奥守」という役職にした、と取るべき箇所です。したがって、これは不可。

⑥は、**【文章Ⅲ】**から「実方はかなり上手な歌詠みだとわかる」としています。行成から「歌はおもしろし」と評されていることからも、それは正しいと言えます。ただ、帝の行動の真意に事実誤認があります。帝が実方に修業をさせようと思ったのだとすれば、**【文章Ⅰ】**の**「ひとりは忍をたもたざるがゆゑに先途をうしなひ」という編者のまとめと合いません。**実方は我慢できないためによい官職に就けなかったと解するのがよく、この点が誤りとなります。

正解
問1 ア ③ イ ④ ウ ①
問2 ⑤
問3 ③
問4 ④
問5 ④

さあ、これで古文の対策はバッチリです。巻末資料で頻出《ひんしゅつ》単語の確認もしてくださいね。

第2部

漢文編

ここからは漢文です。
苦手意識をなくして誰でも得点源にできるよう、丁寧に解説しました。
あまり気負わずに、気持ちを楽にしてページをめくってみましょう。

第1節 返り点

漢文に対して難しいイメージを持っている人が多いと思いますが、それはまったくの**誤解**です！ 漢文というものがどういうものなのかを知ってもらえれば、漢文は**簡単**で、そして私たちにとって一番大切な入試の上で**得点源**になるということがわかってもらえるはずです！

不安……。とりあえず句形と単語をやっておけば大丈夫ですか？

残念ながら……。それだけじゃダメなんです。きっと漢文の読み方はわかっても、点数が面白いほどとれるようにはなりません。

泣きそう。どうしたらいい？

そのための本なのです。点数が面白いほどとれるようになるためには、**漢文というものはどういうものなのか、**そして**入試に向けて心得ておくべきことは何なのか**を知る必要があります。そうすれば、**漢文は必ず得点源になります。**

うん、やらなくちゃ！

よし、その気になったら、さっそく始めましょう。

漢文はもともと漢字だらけで書かれた昔の中国語の文章です。
そのため、まずは次のことを心得ておきましょう。

> **①漢文と日本語は文構造（語順）が異なる。**
> **②漢字だけの文章では日本語として不自然。**

そこで、日本語（今でいうところの昔の日本語）として読むための解決法として**①には返り点**が、**②には送り仮名**が開発されました。

共通テストの漢文で満点を目指すための**スタートとして、この返り点と送り仮名をきちんと使って**漢文を正しく読めて意味をつかむ訓練をしていかなければいけません。

それでは、次の文を見てください。

郁《いく》離《り》子《し》曰ハク、「世ニ有下ルハ以レテ術ヲ使レヒテ民ヲ而無二キ道揆一者上、其レ如二キ狙《そ》公《こう》一ノ乎ト。」

※郁離子……人名。　道揆……道理にかなった決まり。

このような文をスラスラ読めるようになるために必要なことを学んでいきます。

大丈夫。慣れれば難しくありません。基本は**上から順に**読んでいきます。「郁離子」は注釈にあるとおり、人物の名前です。その次の「曰」は、日曜日の「日」とは違い、「いはく（いわく）」と読んで、「～が言った、～がおっしゃった」と訳す、会話文のスタートを表します。

さて、「有」「以」「使」などの左下に「下」「レ」「二」などがあります。これが**返り点**です。そこで次の**返り点の法則を知っておきましょう。**

返り点の法則

レ点……下から上に**一文字**返って読みたいときに付ける。

出②レヅ家①ヲ（家を出づ）　無④レシ不③レルハ買②レハ物①ヲ（物を買はざるは無し）

一・二・三点……下から上に**二文字以上**返って読みたいときに付ける。

行③クニ学①校②ニ一（学校に行く）

上（中）下点……さらに下から上に返って読みたいときに付ける。

※一・二点だけだと、うまくいかない場合があります。

嘆③ 二 **行**③ 二 **学**① **校**② 一 **眠** 一

これでは一・二点が二箇所あり、混同してしまいます。そこで、後に読む一・二点を上・下点にすることによって混同を避けました。

嘆⑤ク 下 **行**③キテ 二 **学**① **校**②ニ 一 **眠**④ルヲ 上 （学校に行きて眠るを嘆く）

※この例文のように、「眠」から「嘆」に一回しか返らないときは、「上・中」ではなく「上・下」とします。

甲・乙・丙点……さらに下から上に返って読みたいときに付ける。

ほかにも返り点はありますが、共通テストでは**この四種類さえマスターしておけば充分です。**

例文の文章も、下の「術」から上の「以」に一文字返って読むために「以レ術」と読んでいます。これで「術を以て」と読んで、「術を使って」と訳します。

ちなみに、返り点の付いた「以」は頻出《ひんしゅつ》です（☞273ページ）。

どうしてわざわざ下から返って読まなければならないんですか？

それは155ページの①で話したように、**日本語と昔の中国語（漢文）の文構造（語順）の違い**があるからです。

日本語と昔の中国語（漢文）の文構造（語順）の違い

日本語　**主語**＋**目的語**＋**述語（動詞）**。

例　私は（主語）あなたを（目的語）愛しています（述語（動詞））。

漢文（昔の中国語）　**主語**＋**述語（動詞）**＋**目的語**。

例　我（主語）愛（述語（動詞））君（目的語）。

このように構造（語順）が違うので、**漢文を日本語として読むために、順序を変えて読めばよい**となり、**返り点**を使って述語（動詞）と目的語を入れ替えて読めるようにしました。これがわかりやすい例として、「使レ民」のところを見てみましょう。「使《ヒテ》」（使って）は述語（動詞）です。漢文の構造（語順）にするとその下の「民」が目的語です。

述語	目的語
使	**民**

だからこの**述語（動詞）**＋**目的語**を、日本語の**目的語**＋**述語（動詞）**の順にするために、返り点（ここでは一字返るので、法則に従って**レ点**☞156ページ）を付けて、目的語の「民」に、目的語に付ける送り仮名

（ヲ・ニ・ト・ヨリ）の「ヲ」を付けて読んでいます（☞164ページ「送り仮名の法則②」）。

述語	目的語
使ヒテ レ	民ヲ

これで「使民」が「民を使ひて」（民を使って）と、**日本語らしく**なったわけです。
返り点がどれだけ大切なものかをわかってくれましたか。

なるほど。でも、右下のカタカナがよくわからないです。

とても大切な指摘ですね。それが何度も話に出てくる**送り仮名**というものなんです。それを次節で見ていきましょう。

また、**置き字**と言われる漢字は読みません。次のようなものが置き字です。

・文中にあって読まない置き字

而・於・于・乎

・文末にあって読まない置き字

矣・焉

などがあったら、これらは読みませんが、実際はきちんと役割があります（☞273〜276ページ）。

問題 次の書き下し文のとおりに読めるように、漢文の右側に読む順番の数字を、左側に適当な返り点を付けなさい。

① 甫泣きて対へて曰はく、「敢へて是れに当たるに非ざるなり、亦た報ゆるを為すなり」と。

甫 泣 而 対 曰、「非 敢 当 是 也、亦 為 報 也。」

（センター試験・改）

② 嘉祐曰はく、「古より賢相の能く功業を建て生民を沢する所以は、其の君臣相ひ得ること皆魚の水有るがごとくなればなり」と。

嘉祐曰、「自古賢相所以能建功業沢生民者、其君臣相得皆如魚之有水。」

（センター試験・改）

書き下し文とは、漢字と仮名を使って漢文を日本語のように表した文のことです。

注意すべき返り点を挙げておきます。

「○二○○一レ○」を「○二○レ○一」にしていませんか？

「○二○レ○一」をよく見てみましょう。「レ点」は下から上に一字返って読み、「一点」を読んだら次は「二点」の付いた漢字に返って読まなければならないのがルールです。「○二○レ○一」では、一番下の漢字に「レ点」と「一点」の二つがありますが、○の次にレ点で上に返る漢字と、二点で返る漢字を同時に読むことは不可能です。そこで、一点とレ点を合体させた「一レ点」の出番です。①の「当レ是」、②の「有レ水」がそれにあたります。

「○－二○○一」を「○－○レ○」にしていませんか？

熟語に返るときに間違えやすいのが「○－○レ○」としてしまうところです。**熟語はあくまでも二字**です。その二字に返るためには、その二字の間に返り点を付けましょう。これが問題②の「所以」です。この「所以」は重要語で頻出です（☞327ページ）。もしここを間違えていたら、悪い癖がつくまえに〈返り点の法則〉をすぐにやり直して解きなおしましょう。

正解

① 甫①泣②而対③曰④、「非⑧㆓敢⑤当⑦㆑是⑥也⑨、亦⑩為⑫㆑報⑪也⑬。」

② 嘉①祐②曰③、「自⑤㆑古④賢⑥相⑦所⑮㆘以⑯能⑧建⑪㆓功⑨業⑩㆒沢⑭㆗生⑫民⑬㆖者⑰、其⑱君⑲臣⑳相㉑得㉒皆㉓如㉘㆓魚㉔之㉕有㉗㆑水㉖。」

漢文（昔の中国語）の

主語＋**述語（動詞）**＋**目的語**。

という構造（語順）の文を、日本語の

主語＋**目的語**＋**述語（動詞）**。

の形で読むために、返り点と送り仮名を使うのです。

主語＋**述語（動詞）**㆓㆑＋**目的語**《ヲ・ニ・ト・ヨリ》㆒。

まずはこれをしっかり頭に入れておきましょう。漢文にももちろん副詞や前置詞、補語、形容（動）詞はありますが、基本構造に慣れてきたら、動詞の前に副詞や前置詞、動詞の位置に形容詞や形容動詞、目的語の位置に補語の漢字が置かれることも理解しておきましょう。

第2節　送り仮名

前節の例文をもう一度見てみましょう。

郁離子曰《ハク》、「世《ニ》有《ルハ》下以《テ》レ術《ヲ》使《ヒテ》レ民《ヲ》而無《キ》二道揆一者上、其《レ》如《キ》二狙《ソ》公《こうノ》一乎《ト》。」

※郁離子……人名。　道揆……道理にかなった決まり。

「郁離子」は注釈にあるように人物名なので、**文構造だと主語**になります。その下の「曰」は「言った、おっしゃった」という意味の**述語（動詞）**です。この「曰」は音読みだと「エツ」と読みますが、「郁離子がエツ」ではおかしいでしょう。なので「いわく」と読んで「郁離子が言った」→**「郁離子曰はく」**と文字を足しました。この**日本語にしたときに、不足の文字をカタカナで足したもの、**それが**漢字の右下に付ける送り仮名**というものです。

主語	述語（動詞）
郁離子	曰《ハク》、

「郁離子が」と訳すのに、どうして「ガ」を付けないんですか？

送り仮名の法則①

通常、主語には「ハ」「ガ」などの送り仮名は付けない。

子 曰ハク、 公 問フ、
（子・公＝主語）

このように、**漢文では主語を「〜は・〜が」と訳しても、送り仮名「ハ・ガ」は付けないのがルールです。**もし「ハ」が付いているとしたら、「この世の中というものは」などと主語を強調したり、「今回のことは前回よりはましだ」などと比較されたりするときです（☞225ページ）。このルールは覚えておきましょう。

次に「世」は［世の中に・この世に］という意味なので、「ニ」を付けて**「世に」**と読んでいます。「使民」は［人民を使って］という意味なので、**目的語のところには決まった送り仮名**を付けます。

送り仮名の法則②

目的語には「ヲ」（〜を）・「ニ」（〜に・で）・「ト」（〜と）・「ヨリ」（〜から）・「ヨリモ」（〜より（も））の送り仮名を付ける。

行《おこな》フレ 之《これ》ヲ、 之《ゆ》クレ 街《まち》ニ、
（之・街＝目的語）

なので、**「民」に「ヲ」、「使」に「ヒテ」を付けて読んでいます**（述語（動詞）の「使」が「使ヒテ」となるのは、置き字の「而」（☞160ページ）があるためです。詳しくは第3章で解説します）。「無道揆」は注釈にあるように「道理にかなった決まりがない」と訳したいので「道揆無き」、「有〜者」は「ことがある」と訳したいので**「者有り」**と読んでいます。

意味がわからない……。文構造で学んだけれども、「有・無」は「ある・ない」だから述語でしょ。でもその……目的語に送り仮名「ヲ・ニ・ト・ヨリ」がないよ……。

送り仮名の法則③

有・無の下にある目的語の送り仮名には「ヲ・ニ・ト・ヨリ」を付けない。

たしかに「有・無」は「〜がある・〜がない」と訳す述語（動詞）です。

述語（動詞）

主語＋有＋目的語。

主語＋無＋目的語。

ところが、普通に構造（語順）に従って目的語から述語（動詞）の順番で訳すと「～をある・～をない」となり、おかしな訳になりますね。

よって**「有・無」の下の目的語は、意味から考えて主語に変化**します。主語になるということは、送り仮名の法則①で学んだように**送り仮名は付けず**、「～あり・～なし」と読みます。

そして本来の主語には「ニ」が付いて「東京に・大阪に」など、場所を指す言葉に変化します（省略されることもあります）。

場所（ニ） ↑ ~~主語~~ ＋ 述語（動詞）**有《あり》（無《なし》）**二レ ＋ ~~目的語~~ ↓ **主語。**一 ×（送り仮名なし）

読み方 ～（に）～あり（なし）。

訳し方 ～（に）～があった（なかった）。

だから例文も

世ニ有下ルハ以レテ術ヲ使レヒテ民ヲ而無二キ道揆×一者×上、

⇐

場所 **世**　述語（動詞） **有**　主語 **以術使民而無道揆者**

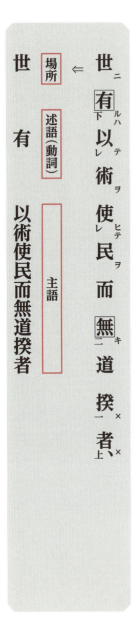

さらに、主語の中の「無道揆」も

述語（動詞）	主語
無	**道揆**

となり、「有」「無」の直前の「者」「揆」に送り仮名が付いていないのです。

ちなみに「有〜者」は頻出《ひんしゅつ》表現です（☞273ページ）。

もう一つだけ！　どうして「無㆓道揆㆒」の「無」は「なし」じゃなくて「なき」と読むの？

送り仮名の法則④

「。」なら**終止形**、「、」なら**連用形**、**「言葉が続く」**なら**連体形**で読む。

「なし」の活用を見てみましょう。

未然形	連用形	終止形	連体形	已然形	命令形
なから	なく	なし	なき	なけれ	なかれ

例文の「無」が**「無道揆。」で終わりならば、終止形**で「道揆**なし**」と読みます。**「無道揆、」ならば連用形**で「道揆**なく**」と読みます。**「無道揆也」と言葉が続くのならば連体形**で「道揆**なき**なり」と読みます。

なので例文も「無」のあとに**「者」が続くので連体形**で「なき者」と読んでいます。ちなみにその後の「如」も終止形は「ごとし」ですが、**「乎」**（☞216ページ参照）**が続くので連体形**で「ごときか」と読んでいます。したがって全体の読み方はこうなります。

①郁②離③子④曰《ハク》、「⑤世《ニ》⑭有《ルハ》下⑦以《テ》レ⑥術《ヲ》⑨使《ヒテ》レ⑧民《ヲ》㊁而⑫無《キ》二⑩道⑪揆一⑬者上、⑮其《レ》⑱如《キ》二⑯狙⑰公一⑲乎《ト》。」

読み方　郁離子曰はく、「世に術を以て民を使ひて道揆なき者あるは、其れ狙公のごときか」と。

※助詞・助動詞はひらがなにするという法則を大切に。

これが基本ですが、第2章で学ぶ句形によって送り仮名の付け方に多少の違いは出てくることがあります。それはまた出てきたときに触れましょう。

送り仮名を付けるときに意識してほしいことは、**漢文を日本語にするという作業は、漢文を今の日本語にするのではなく、昔の日本語にして読むということ**です。よって、次の法則を忘れないでください。

送り仮名の法則⑤

送り仮名は基本的に古典文法に従い、古典文法で活用させる。

これで**古文と漢文がつながりました**（例外については☞187〜188ページ）。

最後に、次のような送り仮名を知っておくと読みやすくなるでしょう。

テ・シテ……**順接**（〜して・そして）　**モ・ドモ・ニ**……**逆接**（〜だが・〜であるが）

バ……**仮定**（〜ならば・〜すると・〜なので）　**スルニ**……（〜するのに・〜したところ）

問題　**訳を参考にして、漢文に適当な送り仮名を付けなさい。**

① 先生がおっしゃることには、「昔のことを学び直して、新しいことを理解できたら、人々の模範となることができる。」

子曰、「温レ故而知レ新、可二以為レ師矣。」

※子……「し」と読み、先生などと訳す。　温……あたためる。ここではもう一度学び直すという意味。
師……ここでは、模範・手本などと訳す。

② 六つの経典の中で学問について述べられているのは、最初は武丁が説に命令したことに見えるけれども、学問をする上での道を論じるときは、「謙遜」と「敏速」の二つだけだ。

六経之言レ学、肇《はじメテ》見二於武《ぶ》丁《てい》之命レ説《えつ》而論二為レ学之道一、曰レ遜曰レ敏而已。

※六経……儒家が大切にする六つのテキストのこと。　武丁・説……人物。　遜……謙遜。　敏……敏速。

① 「子」は主語、「曰」は述語（動詞）で「子曰く」。「温」が述語（動詞）で「故」が目的語。よって目的語の**送り仮名「ヲ」**を付け、「温」は下に「而」（☞160ページ）があるので、「温め」に**「て」**（☞275ページ）を付けます。「故」は重要語で終止形は「故《ふる》し」（☞330ページ）、ここでは**「ヲ」につなげて読む**ので「故しを」ではなく**「故きを」**。「故きを温めて」。「知」は述語（動詞）、「新」が目的語なのでさっきと同じように、「新」に**「ヲ」**、「知」が「〜ならば」という**仮定の訳なので「バ」**（☞169ページ）を付けて、「新しきを知らば」。「可以」は頻出表現（☞274ページ）なので、この文章で覚えておくと楽でしょう。「以て〜す（終止形）べし」と読みます。文末の「矣」は置き字（☞160ページ）なので読まなくてよいですが、頻出表現（☞273ページ）であることも忘れないでおきましょう。

②「六経」と「言」に挟まれた「之」は**「の」と読む助詞**。「〜の・〜が」と訳します。この後の「武丁」と「命」の中、「為学」と「道」の中の「之」も同じです。今回は**大きなテーマを述べているの**で、「言」のところに**「ハ」**（☞164ページ）を付けて、「六経の学を言ふは」。「命」が述語（動詞）、「説」が目的語なので**「ニ」**を付けて、「命ず」（命じる）を「命令したことに」に近づけるために、**「ニ」**を付け、終止形「ズ」を**連体形「ズル」**にすれば「肇めて武丁の説に命ずるに見ゆ」となります。「見」は「見えるけれども」と**逆接**（☞169ページ）**で訳しているので「見ゆるも」**、「論」が述語（動詞）、その下の「為学之道」が目的語。「論」は「論じるときは」と訳しているので、**「ハ」**をつけて、終止形「ズ」を**連体形「ズル」**にして「論ずるは」。「曰」が述語（動詞）、「遜」と「敏」が目的語。「〜と」と訳しているので、目的語に**「ト」**を付ければOK。文末は「而」と「已」に分解しないように。これは句形の一つで限定形（☞234ページ）。

正解

① 子曰《ク》、「温《メテ》レ故《キヲ》而知《ラバ》レ新《シキヲ》、可《シ》二以《テ》為《ル》レ師矣。」

② 六経之言《フハ》レ学《ヲ》、肇《メテ》見《ユルモ》二於武丁之命《ズルニ》レ説《ニ》而論《ズルハ》二為《ス》レ学《ヲ》之道《ヲ》一、曰《ヒ》レ遜《ト》曰《フ》レ敏《ト》而已。

この第1章で学んだ、**文構造（語順）・返り点・送り仮名を意識して漢文を読む**訓練をすると、ミスをしやすい**書き下し文**（漢字と仮名を使って、日本語のようにしたもの）の問題で、しっかり点数を取れますよ。

第3節

第2章 句形

使役と受身 ―使う？ 使われる？―

さあ、構造はクリア！ 進んできました。次は、**句形で読み方を補強**していきましょう。句形というだけでおも～く感じるので、その負担を和らげるため、**ここでは覚えなければいけない句形を九種類に分けて説明してみました**。必ず不得意な句形をなくすこと。ここを乗り切って、必ず入試漢文に対応できる自分を作り上げましょう。そのスタートは**使役**と**受身**からです。どうぞ！

1 使役

※ここからは、文構造（語順）→文構造、主語→Ｓ、述語（動詞）→Ｖ、目的語→Ｏと表記して説明します。この基本構造に慣れた人は、副詞や前置詞などの存在も意識しておきましょう（☞162ページ）。

明皇詔令従陳閎受画法。

※明皇……唐の玄宗皇帝。　陳閎……唐代の画家。　画法……絵の描き方。

さあ、この**白文**（返り点も送り仮名も付いていない漢字だけの文）中でポイントになる漢字を発見できたでしようか。

「令」かな？

そのとおり！　ここで**大切なのは令和の「令」です**。「令」は、**「しむ」と読んで「〜させる」と訳す《使役》を表す漢字**です。ここで使役の法則を学んでおこう。

使役の法則

（主語）＋令＋主に人物（動物）＋上に出てきた人物（動物）に行わせる動作

「令」が見つかったら、**まず「令」の上に主語（S）があるか**見てみましょう。Sがあれば、それは間違いなく今から**「何かをさせる人」**です。「令」の上にSがなければ、Sが省略されていると思ってください。ここは、「令」の上にSの「明皇」があります。次に、その「令」を見つけたらもっと大切なのは、**「令」のすぐ下に《主に人物に関係する言葉》があるか**確認することです。あれば、「何かをさせる人」であるSが**「使う人」**です。

「令《しム》」を見つけたら→すぐ下に人物があるかチェックをすること。

人物があったら、必ずその人に送り仮名「ヲシテ」を付けましょう。

それなら「しむ」の下はすべて「ヲシテ」を付けるって覚えればいいですよね。

違う違う！　**そこが危険**なんです。

この使役は「AをしてBせしむ」なんて呪文のように覚えるでしょう。だからこの句形を間違えてしまう人が多いのです。**「しむ」のすぐ下に《主に人物に関係する言葉》がなければ、それはその「何かをさせる人」が「使う人」、「Aをして」のAに相当する言葉は省略されている**のです。

令→~~人物~~＝人物に関係する「Aをして」の**Aが省略**されている。

なので「ヲシテ」は付けてはいけません。例文で確認しましょう。

「しむ」の直後をチェック
- 人物**あり**　→　ヲシテを**付ける**
- 人物**なし**　→　ヲシテを**付けてはいけない**

令→**従陳閎受画法。**

どうですか？　**「令」のすぐ下に人物ではなく**「従」があるでしょう。ということは、**人物に関する語はないから、「ヲシテ」は付けてはいけない**のです。見事にひっかかって「陳閎をして」と読んだ人は、ここでもう一度172ページから読み直しましょう。

次に、その「令」の下に書かれている言葉があったら、それは、**上に登場した（もしくは省略された）「何かをさせる人」が「使う人」にさせる動作**となります。

⑦令《ム》下 ~~人物~~ ③従《ヒテ》二 ①陳 ②閭《ニ》一 ⑥受《ケ》中 ④画 ⑤法《ヲ》上。

ここでは「令」の下すべてが「使う人にさせる動作」の内容です。それをすべて読み終えたら、**最後に読んだ漢字を未然形にして読んでから「令」に戻りましょう。**これが使役です。

よって例文は、「明皇詔して陳閭に従ひて画法を受け**しむ**」と読んで、「明皇は詔して陳閭に付き従って画法を受け**させた**」と訳します。

最後に！ この**「しむ」と読める使役の漢字は「令」だけでなく「使・遣・教・俾」もあります。**覚えておきましょう。これで使役は完成です！ まとめます。

使役の法則

(S)＋使・令・遣・教・俾《しム》二＋主に人物(動物)《ヲシテ》＋上に出てきた人物(動物)に行わせる動作一未然形。

読み方 （主語）主に人物をして人物に行わせる動作未然形**しむ**。

訳し方 （～が）～に～**させる**。

2 ～締《し》めの一品～「シム」がない文を使役にさせる

ここまでに学んだ使役は、**使役動詞「使・令・遣・教・俾」を使った形**でした。でも、こんな形もあります。

遂命㆓童子㆒起而逐㆑之。

※童子……子どもの召使い。　逐……「をフ」と読んで、追いかけるの意。

さあ、どう読みますか？「遂」は副詞の「つひに」（☞329ページ）、「命」はVで「命ず」＝［命令する］、漢文はVの下はOなので「童子」から「命」に返って「童子に命ず」、その下はVの「起つ」、そして接続語の「而」（☞275ページ）があってまたVの「逐ふ」、その下がOで「之を」。これで「遂に童子に命じて起ちて之を逐ふ」と読みますが、意味はどうでしょう。［やがて童子に命令して起きてこれを追いかけた］。なんか不自然な内容だとは思いませんか？　この訳では、自分で童子に命令しておきながら自分で追いかけたことになってしまいます。

そこで最後の「逐ふ」に**隠し味の送り仮名「しむ」**を足してみましょう。すると「遂に童子に命じて起ちて之を逐は**しむ**」と読んで、［やがて童子に命令して起きてこれを**追いかけさせた**］となり、意味も通ります。

実はこれが学習の死角！　**使役動詞「しむ」を使わない形**なんです。

使役動詞「しむ」を使わない使役形

命《めい》ジテ二 人物ニ一 人物に行わせる動作 未然形＋シム。

人物 → 上のVによって送り仮名「ニ」を「ヲ」に置き換え可能。（命ジテ二使者ニ一・召シテレ君ヲなど）

命 → ここは「遣」「召」「招」など、置き換え可能。（命ジテ二使者ニ一・召シテレ君ヲなど）

読み方 人物に命じて人物に行わせる動作未然形しむ。

訳し方 人物に命令して～させる。

これで締めの一品完食です。

このほかに、送り仮名の「シム」を付けて、文脈上使役にする形もありますが、その際「シム」にだけ気を付けて「～させる」と訳せばよいので問題ありません。

問題 次の各文に返り点と送り仮名を付けなさい。

① 使子路問津焉。
※子路……孔子の弟子。　津……渡し場。　焉……置き字。

② 令知其罪而殺之。
※殺……殺させてください。

③ 命故人書之。
※故人……旧友。　書……書かせる。

正解

① 使《ム》二子路《ヲシテ》問《ハ》一レ津《ヲ》焉。

② 令《メテ》レ知《ラ》二其《ノ》罪《ヲ》一而殺《サン》レ之《ヲ》。

③ 命《ジテ》二故人《ニ》一書《カシム》レ之《ヲ》。

①のポイントは使役の**「使」**。使役の法則を使い、**「使」の下に人物に相当する「子路」**があるため、「子路」に**「ヲシテ」**を付けて「子路をして」、その**「子路」の後の「問津」がすべて「子路」に行わせる動作。**「問」は

V。「津」はO。［渡し場を問う］という意味なので、Oの「津」に送り仮名「ヲ」（☞164ページ）を付け、**最後に読む「問フ」を未然形で「ハ」で読み、使役「使」に戻れば完成**。「子路をして津を問はしむ」。［子路に渡し場を尋ねさせた］。「焉」は置き字（☞160ページ）。

②のポイントは使役の**「令」**。**「令」の直後に人物に関係する言葉がない**ため、**「ヲシテ」は付けてはいけません**（☞174ページ）。よって**「知」から下すべてが人物に行わせる動作**。問題はその「〜させる」がどこまでかかるかです。「知」（知る）はV、その下の「其罪」（其の罪）までが「知」のO。［その罪を知る］という意味なので、「罪」に「ヲ」をつけて「其の罪を知る」となります。「而」は置き字（☞160ページ）ですが、その下を見ると「殺之」とあり、「殺」はV。「之」がO。注から［これを殺させてください］となるので、「令」（〜させる）は［その罪をわからせてこれを殺させてください］とすると意味が通じます。よって、**「令」が指しているのは「知其罪」まで**。**「知る」を未然形で「知ら」と読んでから「令」に返り**、「しむ」を順接で「しめて」と読みます（☞275ページ）。「殺」は［〜させてください］という願望なので（☞240ページ）、文末の送り仮名を「未然形＋ン」で「殺さん」と読めば完成。「其の罪を知らしめて之を殺さん」。［その罪をわからせてからこの者を殺させてください。］

③のポイントは締めの一品（☞176ページ）で学んだ**「命」**。「命令する」という意味で、その下の**「故人」**は重要語の**「旧友」**（☞325ページ）。［旧友に命令する］という意味なので「故人」に「二」を付けます。［旧友に命令して書かせた］となるので、**「書」に「シム」を付け、「シム」の直前を未然形**で読めば完成。「故人に命じて之を書かしむ」。［旧友に命令してこれを書かせた］。

3 受身

では、受身に進みましょう。次の文の中に、何かポイントの字は見つけられますか。

有蛇螫殺人、為冥官所追議、法当死。

※螫《か》ム……噛《か》む。　冥官……冥界の裁判官。　追議……死後、生前の罪を裁くこと。

「有」は165ページでやったやつですね。あとは「為」ですか？

なかなかやるね。たしかに「為」は多くの読み方がある漢字です（☞260ページ）。ここでは**「為」と「所」のセット**がポイントなんです。

為冥官所追議、

この**「為」と「所」のセット**は、さっきまでの「〜させる」という意味の使役ではなく、**「〜される」という意味を表す受身の漢字**です。そこで受身の法則を学んでおきましょう。

受身の法則

Ⓢ＋為《な》ルニ＋主に人物ノ＋所《ところ》トレ＋上に出てきた人物にされる動作《連体形》。

「為」と「所」のセットを見つけたら、まず**「為」の上にあるものがⓈ**で、今から**「何かをされる人」**です。ここでは上に「有リレ蛇」（蛇《へび》がいて）「螫《か》ミテ」（噛んで）「殺シレ人ヲ」（人を殺して）と読み、「蛇がいて人を噛み殺した」となるので、「（人を噛み殺した）蛇」がⓈです。次に**「為」と「所」の間にある漢字が、そのⓈ（ここでは蛇）に「何かをする人」**です。ここは「為」と「所」の間にある「冥官《めいかん》」が「蛇」に何かをする人です。これを見つけたときは、**その人のところに送り仮名「ノ」**を付けましょう。最後に**「所」の下にある漢字が「その何かをする人」に「された内容」**です。この例文では「所」の下にある「追議」が、「された内容」です。これを見つけたら**最後のところを連体形**で読みましょう。そしてそこから「所」に返って**送り仮名「ト」**を付け、そこから「為」に返って、ここでは**「なル」と読めば完成**です。

これで、例文も次のようになります。

有②リレ蛇①螫③ミテ殺⑤シレ人④ヲ、為⑪リ三冥⑥官⑦ノ所⑩ト二追⑧議⑨スル一、

読み方　蛇有り螫みて人を殺し、冥官の追議する所と為り、

この次が問題なんです。これをどう訳すかです。

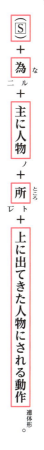

それぞれ！　そうやってよく間違えてしまうんです。でもここは受身。**［〜に〜される］**と訳すようにクセをつけましょう。まとめます。

受身の法則（完成形）

Ⓢ＋**為《な》**ル二＋**主に人物**ノ＋**所《ところ》**トレ＋**上に出てきた人物にされる動作**（連体形）。

読み方　〜の〜する所《ところ》**と為《な》る**。

訳し方　〜に〜**される**。

よって、先ほどの例文は、［蛇がいて人を噛み殺して、冥界の裁判官に（その罪を）裁かれ、］という訳になります。読みに引きずられて誤訳しがちなので、気を付けましょう。

では、実際に出題された設問を見てみましょう。

問題　**次の文の書き下し文として最も適切なものを、次の①〜⑤のうちから一つ選べ。**

有蛇螫殺人、為冥官所追議、法当死。

① 蛇有りて螫みて人を殺し、冥官の追議する所と為り、法は死に当たる
② 蛇有りて螫みて人を殺さんとし、冥官の所に追議を為すは、死に当たるに法る
③ 蛇有りて螫まれ殺されし人、冥官と為りて追議する所は、死に当たるに法る
④ 蛇の螫むこと有らば殺す人、冥官の追議する所の為に、死に当たるに法る
⑤ 蛇有りて螫まれ殺されし人、為に冥官の追議する所にして、法は死に当たる

どうでしょう。今回ポイントになる**《「為」＋「所」＝受身》**で選択肢を見てみましょう。

① 蛇有りて螫みて人を殺し、**冥官の追議する所と為り**、法は死に当たる
② 蛇有りて螫みて人を殺さんとし、**冥官の所に追議を為すは**、死に当たるに法る
③ 蛇有りて螫まれ殺されし人、**冥官と為りて追議する所は**、死に当たるに法る
④ 蛇の螫むこと有らば殺す人、**冥官の追議する所の為に**、死に当たるに法る
⑤ 蛇有りて螫まれ殺されし人、**為に冥官の追議する所にして**、法は死に当たる

正解・①

句形を知ると、読めるだけではなく、解答にもつながる。

このことが実感できれば、句形の学習もやる気になるでしょう。

ところで、さっきの例文で、ポイントになる字は「当」で、再読文字だと思った人はいませんか。

はい、だって学校で「当」は再読文字って習いました。

次節で再読文字をやりますが、今まで覚えた再読文字の漢字を何でも再読文字として覚えることは危険なので、ちょっと気を付けましょう。

え？　知らなかった。こわい！

大丈夫。それをやる前に、他の受身も知っておいてください。

4　～締めの一品～　置くだけで受身にできる　単純受身

その文を受身（～される）で読みたいときに、その**受身で読みたいⅤに「る・ラル」の漢字を置くだけで受身**

に変化させることができます。

単純受身の法則

見・被・為・所《る・らル》二レ V 一 未然形。

読み方 〜**未然形**る（らル）。

訳し方 〜される。

・**Vが四段活用のとき**（「学ぶ」など）→**「る」** る 二レ V（＝四段）一 未然形。

・**Vが四段活用以外のとき**（「見る」など）→**「らル」** らル レ V（＝四段以外）一 未然形。

このほかに「於」を使った受身の形もあります（☞275ページ）。

最後に、先ほどの「為〜所〜」は、「〜の〜する所と為る」が頻出ですが、同じ「〜に〜される」という意味で「〜の為に〜る（らる）」と読むものがあることも知っておくとよいでしょう。

第4節 再読文字 ―二度読まなければいけない漢字―

未ダレ能ハレ或ル二之ニ先ンズル一焉。

※或……「有」と同じ。

さあ、この中でポイントになる字は**「未」**です。この漢字がⓋより上に置かれて、そのⓋから返って読むときは、**一度目を右側の送り仮名で副詞の読み方で「いまだ」**と読み、今度は返り点を使ってⓋの漢字を読んだ後、「未」に戻って**左側を助動詞で「ず」**と、二度読む漢字なのです。これを「再」度「読」まなければいけない漢字ということで、**「再読文字」**と言います。

再読文字

未①③レ二 Ⅴ②一。

読み方 未《いま》だ～**未然形**＋ず。

訳し方 まだ～ない。

※下にⓋがないとき（一度しか読まないとき） **未 ~~Ⅴ~~。** → **未《いま》ダシヤ。**

この漢字を使った熟語、何か浮かびますか？

あっ！　未来。

再読文字として読んでごらん。

「いまだ、こず」かな。

おしい！　**漢文では「来る」は「くる」（カ変）ではなく、「きたる」（四段）**なんですよ。

じゃあ、「いまだ、きたらず」？

そのとおり！　まだ来ない遠い先のことなんです。だから「未来」。

「来」と**「死」**に注意しましょう！

第1章の送り仮名の法則⑤（☞169ページ）で、基本は古典文法に従うと言いましたが、「来」と「死」には気を付けましょう。

来……古文 くル（カ変）→ 漢文 **きタル（四段）**
死……古文 しヌ（ナ変）→ 漢文 **しス（サ変）**

	来《き》タル	死《し》ス
未然形	きタラ	しセ
連用形	きタリ	しシ
終止形	きタル	しス
連体形	きタル	しスル
已然形	きタレ	しスレ
命令形	きタレ	しセヨ

さっそく練習してみましょう。

問題 **次の文の書き下し文と現代語訳を書きなさい。**

① **未レ定。**（ここでは「定」は終止形の「定まる」）

② **未レ知レ生。**（ここでは「生」は「せい」と読み、「生きること」）

正解
① **未だ定まらず。／まだ定まらない。**
② **未だ生を知らず。／まだ生きることを理解しない。**

冒頭の文も、「未」をまず**一度目に右側で副詞「いまダ」**と読み、**二度目に左側で助動詞「ず」**と読みます。直前に読む「能」を「あたふ」の**未然形**で「あたは」と読みます。「**いまだ**これにさきんずるある**あたはず**」と読み、**［まだ**これに先になることはでき**ない］**と訳します。

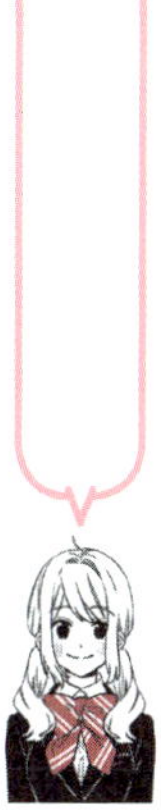

ほかにもありますよ。難しくないのでささっと覚えちゃいましょう！

その他の再読文字

宜ニレ V一。

読み方 **宜《よろ》しく**～**終止形**＋**べし**。

訳し方 ～するのがよい。

※ V宜《むベナリ》……もっともだ

例

①④宜レ ③V知レ ②之。

読み方 **宜しく**之を**知るべし**。

訳し方 これを**知るのがよい**。

①⑥宜レ ⑤V取ニ ②其 ④所レ ③長。

読み方 **宜しく**其の長ずる所を**取るべし**。

訳し方 その長所を**取るのがよい**。

盍二レV一。

読み方　盍《なん》ぞ～**未然形**＋ざる。

訳し方　どうして～しないのか。

例　⑥①盍三 ②各 ⑤言二V ③爾 ④志一。

読み方　**盍ぞ**各爾の志を**言はざる**。

訳し方　**どうして**それぞれお前たちの志を**言わないのか**。

⑤①盍レ ④反二V ②其 ③本一 矣。

読み方　**盍ぞ**基本に**反らざる**。

訳し方　**どうして**基本に**戻らないのか**。

須二レV一。

読み方　須《すべか》らく～**終止形**＋べし。

訳し方　ぜひとも～する必要がある。

例　⑥①須二 ②熟 ③読V ④玩 ⑤味一。

読み方　**須らく**熟読玩味**すべし**。

訳し方　じっくり読み深く**味わわなければならない**。

⑧①須三 ②常 ⑦思二V ③病 ④苦 ⑤之 ⑥時一。

※須《もちう》（一度しか読まないとき）……必要がある

読み方 **須らく**常に病苦の時を**思ふべし**。

訳し方 **ぜひ**いつも病気で苦しむときのことを**考える必要がある**。

猶ニレ名詞一。・猶ニレV一。

読み方 猶《な》ほ～名詞＝の・V＝がごとし。

訳し方 ちょうど～と同じようなものだ。

※猶《な》ホ（一度しか読まないとき）……やはり

例 **猶二魚之有レ水也。**

読み方 **猶ほ**魚の水有る**がごときなり**。

訳し方 **ちょうど**魚と水の関係**のようなものだ**。

過猶レ不レ及。

読み方 過ぎたるは**猶ほ**及ば**ざるがごとし**。

訳し方 行き過ぎは**ちょうど**及ばないの**と同じようなものだ**。

あと四つだけです！　でもこのあと四つが混同しやすいから気を付けよう。

将二レ V 一。・且二レ V 一。

読み方　将《まさ》・且《まさ》に～ **未然形** ＋**んとす**。

訳し方　これから～しようとする。今にも～しそうだ。

※（一度しか読まないとき）
- 将《ひきゐル》……引きつれる
- 将《はタ》……それとも
- 将《しやう》……将軍

例　将レ入二於井一。

読み方　**将に**井に入《い》**らんとす**。

訳し方　**これから**井戸に**入ろうとする**。

例　晏子且レ至レ楚。

読み方　晏子且に楚に至**らんとす**。

訳し方　晏子が楚に到着**しようとしている**。

※（一度しか読まないとき）
- 且《かツ》……さらに、そのうえ
- 且《しばらク》……しばらく、とりあえず

当二レ V 一。・応二レ V 一。

読み方　当《まさ》・応《まさ》に～ **終止形** ＋**べし**。

訳し方　当然～すべきだ。きっと～にちがいない。

※（一度しか読まないとき）
- 当《あタル》……相当する
- 応《おうズ》……こたえる

例　当二勉励一。

読み方　当に勉励**すべし**。

訳し方　努め励む**べきである**。

応レ[V]**知**二**故郷事**一。

読み方 **応に**故郷の事を**知るべし**。

訳し方 **きっと**故郷の事を**知っているだろう**。

問題 傍線部と同じ読み方をするものを、後の①～⑤のうちから一つ選べ。

家ニ蓄《やしな》フ二一老貍《り》奴《ど》ヲ一。将レ誕マントレ子ヲ矣。

※貍奴……猫。

① 当 ② 盍 ③ 応 ④ 且 ⑤ 須

（センター試験）

傍線部の「将」に注目しましょう。その下に[V]の「誕」があるので、その上の「将」は間違いなく**再読文字の「将」**です。**一度目は右側で副詞の読み方で「まさニ」と読む**ので、②⑤は消去できます。次に「将」の**二度目は左側で「す」と読み、直前の[V]は未然形＋ントで読む**ので「誕む」（四段活用）が「誕まんと」になっています。

先ほどやったばかりの「混同しやすい再読文字」（☞192〜193ページ）を意識していれば、①③はひっかけだとわかります。**正解は④**。なお、文末の「矣」（☞160ページ）は、読解に大切なものです（☞273ページ）。

ところで、**ほかの選択肢の読み方と意味**をすぐに言えますか。言えなかった人はまだ再読文字が不安定な証拠。学校でも塾でも最初の頃に学ぶので、実際の試験の頃には忘れて、点数を落としやすいところです。テキストや模試、句形の問題集を使って、**形だけでなく、文章の中で覚えていく**ようにしましょう。

正解・④

第5節 二重否定 —否定か？強調か？—

1 二重否定

模試の結果が最悪……。特に古典。いいや、英語やろうっと。

ん？ ちょっと！ 古典やめたの？

やらないわけないでしょ。

一つの結果ですぐ投げ出してしまうと、後でツケが来ますからね。でも彼女の言葉を聞いて安心しました。「やら**ない**わけ（が）**ない**」と、「やらない」という否定の言葉の後にもう一度「わけ（が）ない」と否定を重ねました。この**否定を二度繰り返す**ことによって、つまり「ちゃんとやります」と**強い肯定**の意を示してくれたからです。このような形を**二重否定**と言います。その二重否定を学ぶ前に、まずは単純な否定の形を、さらっと知っておきましょう。

否定を表す漢字

① **不**　② **非**　③ **無（莫・勿・毋）**

これらの否定を表す漢字にV「見る」を足してみます。**どの否定語が来ると、「見る」の活用がどうなるか**をよく確認してください。

見る（上一段）	未然形	連用形	終止形	連体形	已然形	命令形
	み	み	みる	みる	みれ	みよ

① **不レ見。**　読み方 見ず。　訳し方 見ない。

↓「不」は直前を**未然形**で読み、**「〜しない」**と訳す。

② **非レ見。**　読み方 見るに非《あら》ず。　訳し方 見るのではない。

↓「非」は直前を**連体形**＋**ニ**で読み、**「〜ではない」**と訳す。

③ **無（莫・勿・毋）レ見。**

読み方 見る（こと・もの）無（莫・勿・毋）し。

訳し方 見ること（もの）はない。見るな。

→「無（莫・勿・毋）」は直前を**連体形**（＋もの・こと）で読み、**［～は（ものは）ない］**と訳す。

「なかれ」と命令形で読めば、禁止で［～するな］と訳す。

まとめよう。

否定の法則

不《ず》（弗）二レ V 一未然形。

読み方 ～**未然形**＋ず。

訳し方 ～しない。

非《あらズ》二レ V 一連体形＋ニ。

読み方 ～**連体形**＋に非ず。

訳し方 ～するのではない。

無《なシ》（莫・勿・毋）二レ V 一連体形（＋コト・モノ）。

読み方 ～**連体形**（＋こと・もの）無（莫・勿・毋）し。

訳し方 ～する（こと・もの）はない。

ほら、そんなに難しくないでしょ。

問題 次の文の書き下し文と現代語訳を書きなさい。

① **好レ学而不レ勤レ問、非二真能好レ学者一也。**

② **群臣莫対。**

①は、文構造で考えると「好」（好む）は[V]、「学」（学問）が[O]で、「学問を好む」という意味なので「学」に「ヲ」をつけて「学を好む」となります。「而」は置き字ですが、接続語の役割があります（☞275ページ）。ここでは順接として「テ」を付けて「学を好みて」と読みます。ポイントは**単純否定「不」**。下の[V]の「勤」から返る前にその下の[O]「問」から順に返り、「質問をすることを勤めない」という意味なので「問」に「ヲ」を付けて「勤」は**「不」の直前を未然形で読み**、「勤め」で「学を好みて問ふを勤めず」。しかしその後の「～なのは～ではない」という内容から、「学を好みて問ふを勤めざるは」と読みます。

二つ目のポイントは**単純否定「非」**。**直前の「者」に「ニ」を付けて読みます**。「真」は「本当に」という意味の「まことニ」、「能」は「～できる」という意味の「よク」、いずれも[V]の上に置かれる副詞です。下に「好」（好む）があるので、「好学」は前半と同じように「学を好む」と読めば、「真に能く学を好む者に非ず」と読めます。しかし、最後に「也」が続くので、「非」は「あらズ」ではなく、連体形で「あらザルなり」と読めば完成。

②は、「群臣」は「群」（群れ）なので「多くの臣下」で[S]。「対」は[V]で「答える」という意味の「こたフ」。

ポイントは[V]の上にある**単純否定「莫」**。「なシ」と読み、直後の[V]は連体形で読むので「対フ」ではなく「対フル」と読んで、「対ふる」から「莫し」に返って読めば完成。

正解
①**学を好みて問ふを勤めざるは、真に能く学を好む者に非ざるなり。／学問を好んで質問することを大切にしないのは、本当に学問を好む者ではないのだ。**
②**群臣対ふる莫し。／群臣の中で答えた者はいない。**

では、ここからが本番！　今学んだ単純な否定を二つ組み合わせると、これで「学ばないことはない」となって、**強い肯定の意味を表す二重否定**となります。つまり、「(必ず)～する」ということを言いたい表現です。

二重否定の法則

無《な》シレ不（連体形）レ二[V]（未然形）一。
[読み方]～**未然形**ざる（は）無し。
[訳し方]～し**ない**ことは**ない**。→**必ず～する**。

莫《な》シレ不（連体形）レ二[V]（未然形）一。
[読み方]～**未然形**ざる（は）莫し。
[訳し方]～し**ない**ことは**ない**。→**必ず～する**。

非《あら》ズレ不（連体形＋ニ）レ二[V]（未然形）一。
[読み方]～**未然形**ざるに非ず。
[訳し方]～し**ない**のでは**ない**。→**必ず～する**。

不レ可（未然形）レ不（連体形）二レ[V]（未然形）一。

[読み方] 〜**未然形**ざるべからず。

[訳し方] 〜しないわけにはいかない。→〜しなければならない。

不レ得（未然形）レ不（連体形）二レ[V]（未然形）一。

[読み方] 〜**未然形**ざるを得ず。

[訳し方] 〜しないわけにはいかない。→〜しなければならない。

ちょっと次の文章を読んでみてください。

逮《およ》ビ二唐宋以後一、自リ二天子一至ルマデ二於庶人一、無クレ不ル三崇-飾セ二此ノ日ヲ一、

※崇飾……立派に飾り立てる。

「唐・宋以降、天子から庶人まで」という流れの中で大事な**二重否定**が見えましたか。**「無」**と**「不」**があります。さっきの法則と同じ形がありますね。なので「崇飾《すうしょく》す」という[V]を**未然形**で「崇飾せ」と読んでから否定に返って読んでいますね。「此《こ》の日を崇飾せざる無し」、下に「、」があるので（☞167ページ）、「無し」が「無く」になっています。

さて、二重否定「無シレ不ルレ[V]」はどう訳しますか。**［〜しないことはない］**でしたね。よって［この日を立派に飾り立てないことはなく］となりますが、もう一つ強い肯定で**［必ず〜する］**もありましたね。［必ずこの日を立派に飾り立てて］という訳もできます。天子から庶民まで、身分に関係なくその日を盛大に飾るのでしょうね。

二重否定の中でも特に気を付けてほしいのが、**「不」から「不」に返るとき**です。

聖人之所レ不ルレ知ラ、未ダ二必ズシモ不レ為ラ二愚人ノ所トレ知ル也。

「未必不為」をこのまま読んだら、「不」から「未」に返ったとき「ズズ」になって、何か気持ち悪いですよね。だから、次のことを忘れないようにしてください。

> 「不」から「不」に返るときは、**最初に読む「不」に「んばあら」を付けて読む。**

その応用が再読文字の「未」（☞186ページ）を使った形です。覚えていますか？ 二回目は「ず」で読みましたね。つまり「不」と同じです。ということは、**「未」と「不」の組み合わせのときも「不」に「んばあら」を付けて読む**ということです。ここでは「未だ必ずしも愚人の知る所と為**らずんばあら**ざるなり」と読みます。

特に注意すべき二重否定

不二～不レ～。

読み方 ～～**ずんばあらず**。
訳し方 ～～しないこと（もの）はない。→必ず～～する。

未二～不レ～。

読み方 **いまだ**～～**ずんばあらず**。
訳し方 まだ～～しないこと（もの）はない。→必ず～～する。

本当にこれで終わり？　まだあるんじゃないの？　教えてくれないのなら、やらないよ。

せ、責めるね……。でもね、教える前にすでに使っていますよ。

え？

「教えてくれ**ない**（の）なら、やら**ない**」と、ここにも二つの否定があるでしょう。さっきまで学んでいた二重否定と何が違うと思いますか？

さっきは「不」から「不」に直接返って読んでいたけれども、今度は「不」から「不」に直接返って読んでないことかな？

そのとおーーり！

2 否定の連用

さっきの特に注意すべき二重否定は、

不二～不一レ～。

のように、「不」から「不」に返って読んでいました。でも、

不レ～不レ～。

のように、今度は**「不」から「不」に返って読んでいません**。これは二重否定ではなく、否定の形を**連**続で**用**いている、**否定の連用**というタイプです。

否定の連用

不《ンバ》レ教《へ》、不レ為《サ》。

読み方 教へずんば、為さず。

訳し方 教えてくれないなら、やらない。

ここまでやってみて、否定、特に二つ否定を使う形がたくさんあって、そして大切であることがわかってもらえましたか。この時点でまだ二重否定と否定の連用に不安のある人は、一旦深呼吸して、もう一度199ページに戻ってみましょう。自信がついたら、もう一つだけ付き合ってください。

無《シ》レ不《ルハ》レ買《ハ》レ物《ヲ》。

読み方 物を買はざるは無し。

訳し方 物を買わないことはない。→必ず物を買う。

これが今まで学んだ二重否定です。では次の形はどうでしょう。読めますか？

無㆓物不㆑買。

同じ漢字を使っているし、読みも意味も同じでしょ。

それが違うんです。「物」という字の置かれている位置が違うでしょう。最初見たほうでは一番下にあった「物」が、今度は**二つの否定の中にある**でしょう。

「物であって買わないものはない」→「どんな物でも買う」という意味ですが、この場合の読み方は**「物」のところに「トシテ」という送り仮名を付ける**のが、いわゆる読み習わしになっています。（気になる人のために説明します。この送り仮名は、名詞が副詞化したとき、断定の助動詞「たり」の連用形の「と」に、接続助詞の「して」がくっついて「として」となりました。しかしそこまで覚える必要はありません！）

特殊な否定の形

無《な》シ㆓A《トシテ》不《ざ》ルハ㆑B（未然形）。

読み方　AとしてB**未然形**ざるは無し。

訳し方　どんなAでもBしないものはない。→どんなAでも必ずBする。

こんな形も二重否定の学習の中で加えておいてください。これで二重否定は終わりです。お疲れ様！

「はじめに」のところで述べましたが、漢文は簡単だと言ってこのような句形を後回しにしたら、大変なことになるということが実感できましたか。昔の思想家で荀子《じゅんし》という人が「道 雖《モ》レ爾《シト》、不《レバ》レ行《カ》不レ至《ラ》」（道爾《ちか》しと雖《いへど》も、行かざれば至らず）と言っています。

「大したことない道のりでも、やらないで後回しにしていればその数は膨大になってできなくなってしまうものである」という意味です。やっておけばよかった、という後悔だけはしないでください。

3 ～締めの一品～ 強勢否定

否定の「不」に「敢」（あへて）が組み合わさった形、**「不敢～」があれば強勢否定**です。これで**「あへて～ず」**と読み、**［決して（強いて・進んで）～しない］と強い勢いの否定**で訳します。

これと同じなのが、「敢」を「肯」に置き換えた形、**「不肯～」「あへて～ず」と読む強勢否定**の形です。

強勢否定の法則

不《ず》二敢《あヘテ》・肯《あヘテ》 V 一《未然形》。

読み方 敢《あ》（肯《あ》）へて V 未然形 ず。

訳し方 決して（強いて・進んで） V しない。

ところが、この「不肯」にはもう一つ読み方があります。それは**「不肯」で「がへんぜず」と読み、「納得しない」という意味**です。次の過去に出題された文と、その書き下し文の選択肢を見てください。

第2章 句形

不肯呼之使醒。

① **肯へて**之の使ひを呼ぶも醒め**ず**
② 之を呼ぶも醒めしむるを**肯んぜず**
③ 之の使ひを呼ぶも醒むるを**肯んぜず**
④ **肯へて**呼ば**ず**之きて醒めしむ
⑤ **肯へて**之を呼びて醒めしめ**ず**

「不肯」の読み方が二通りに分かれているでしょう？　ここは油断せずしっかり次にステップしてください。「不肯」は、**「肯」の位置が構造上どこにあるか**で決めましょう！

Ⓥに「肯」があれば、**「～をがへんぜず」（～を承知しない・納得しない）**と読む。
Ⓥより上に「肯」があれば、**「あへて～ず」（決して～しない）**と読む。

たとえば、前の選択肢の本文を見てください。

不**肯**[呼]Ⓥ之使[醒]Ⓥ。

決め手は「不肯」の「肯」が構造上どこにあるかです。

「肯」の下をチェックしていくと、「呼」（呼ぶ）・「醒」（覚める）というⓋの字があります。ということは、**Ⓥの上に「肯」がある**ということですよね。よって「肯」は「あへて」と読みます。では選択肢を見てみましょう。

① **肯へて**之の使ひを呼ぶも醒め**ず**
② 之を呼ぶも醒めしむるを**肯んぜず**
③ 之の使ひを呼ぶも醒むるを**肯んぜず**
④ **肯へて**呼ば**ず**之きて醒めしむ
⑤ **肯へて**之を呼びて醒めしめ**ず**

Ⅴの位置に「肯」はないので、②③をすぐに消去できるでしょう。①「使」は使いの者のことではなく使役（☞172ページ）なので消去。④を訳してみると［決して呼ばず、彼のところへ行って目を覚まさせた］となり、呼ばないのに目を覚まさせに行くというのはおかしな内容です。よって**⑤が正解**です。［決して彼を呼んで目を覚まさせなかった］と訳します。

それと……もう一つ。もっと大切な学習の死角になることを言います。

「不敢」と「敢不」を混同してはいけない。

「不敢」の形は強勢否定だということを学びました。ところが、この**「不」と「敢」が逆になった「敢不」という形**があります。これは**強勢否定ではなく「敢へて～ざらん」**と読み、**反語「どうして～しないだろうか、いや～する」の意味**（☞221ページ）になるので注意しましょう！

締めの一品、終了です。さあ、次が否定の中でも大きな山です。しっかり頂上を目指していきますよ！

第2章 句形

第6節 部分否定と全部否定 ―どれだけ嫌いなの？―

どう？ 受験勉強してる？

はい！ いつもしてません！

私はいつもはしていません。

「いつもしていない」ということは、たったほんの少しであっても受験勉強をやっていないということです。これは**百パーセント否定**したことになります。それに対して**「いつもはしていない」**は、受験勉強をしている日もあるわけで**百パーセントの否定ではない**ということです。これが**全部否定**と**部分否定**というものです。

百パーセント否定　→　**全部否定**
百パーセントは否定しない　→　**部分否定**

では、これを漢文ではどう表現するか、実はとても簡単だからすぐに暗記しちゃいましょう。

全部否定と部分否定の法則

全部否定……副詞（常・尽・復・必など）＋不二レ＋V（未然形）一。

常《つね》ニ不《ず》二レV（未然形）一。　訳し方　いつも～しない。

部分否定……不二＋副詞（常・尽・復・必など）ハ＋V（未然形）一。

不《ず》二常《つね》ニハV（未然形）一。　訳し方　いつも**は**～しない。いつも～するとは限らない。

先に副詞を置けば全部否定（百パーセント否定）、先に「不」（否定語）を置けば部分否定（百パーセントは否定しない）になります。つまり、副詞と「不」、どっちが先かでどこまでの否定なのかを見抜けるんです。

ではここから差がつくポイントです。

部分否定はどこまでの否定でしたか？　そう、百パーセント「は」否定しないんですよね。なので、**基本的には部分否定の副詞には「ハ」を付けます。**

ただし、**例外が二つだけある**からそれは注意。**「必」（かならズ）のときは「かならズハ」ではなく「かならズシモ」、「復」（まタ）のときは「まタ」のままで読みましょう。**

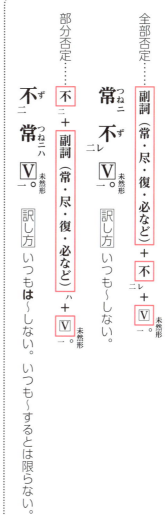

部分否定の法則

副詞のところに「ハ」を付ける。
※例外　必→「かならズシモ」　復→「まタ」（変化なし）

思い出してください。201ページの例文の「必」を「必ずしも」と読んでいた理由がわかりますか？
特に部分否定は受験生が見落としやすい句形なので、練習して早く差を付けてしまおう！

問題 次の文は、自分で植えた海棠の種が春になって花を咲かせたら、飲み仲間と宴会をしようと思っていた筆者が左遷を命じられ、黄州（地名）に行ったときのことを書いたものである。傍線部から読み取れる筆者の状況を説明したものとして最も適当なものを、後の①～⑤のうちから一つ選べ。

余モ亦タ遷《うつ》シレ居ヲ、因リテ不二復省レ花。

※余……私。　亦……同様に。

① 筆者は政変に際して黄州に左遷され、ふたたび海棠を人に委ねることになった。
② 筆者は政変に際して黄州に左遷され、もう一度海棠を移し替えることができなかった。
③ 筆者は政変に際して黄州に左遷され、それきり海棠の花を見ることがなかった。

④　筆者は政変に際して黄州に左遷され、またも海棠の花見の宴を開く約束を果たせなかった。
⑤　筆者は政変に際して黄州に左遷され、二度と海棠の花を咲かせることはできなかった。

ポイントは**「不復」**。部分否定だから、否定していない①「ふたたび～なった」、全部否定の内容である④「またも～なかった」は消去。とりあえず②と③と⑤が選べていればよいです。ここは、花見をしながらの宴会を楽しみにしていたのに、左遷によって叶わなくなったという文脈から、「省」の意味は**③が適当**でしょう。このような視点は第3章で学びます。

正解・③

先生！「復不」と「不復」の違いはわかったんですが、訳したらわからなくなっちゃいました。

そうだね。参考書にはよく［今度も～ない］［二度と～ない］とあるけど、わかりにくいよね。そんなときは、**Ⓥを当てはめてください**。
ためしに、Ⓥのところに「飼」を入れてみます。

復タ不レ飼ハ。　読み方　復た飼はず。　訳し方　今度も飼わない。

今までも飼ったことはないし、今度も飼わない。つまり**一度も飼っていないので百%否定**しています。

不㆓復《タ》飼《ハ》㆒。 読み方 復た飼はず。 訳し方 二度と飼わない。

今まで飼ったことはあるけれども、もう二度と飼わない。つまり**飼った経験はあるので、百パーセントの否定にはなりません。**

この区別をきちんとするためには、**読みに惑わされない**こと。**構造や意味からきちんと判別**しましょう。

問題 **次の文は全部否定と部分否定のどちらか。**

① 宝くじが今回も当たらない。 ② 二度とこのシャンプーを使わない。

③ 人尽不買薬。 ④ 我不必用君。 ⑤ 汝常不求我。

正解 ① **全部否定** ② **部分否定** ③ **全部否定** ④ **部分否定** ⑤ **全部否定**

第7節 疑問と反語 —問いかけか？ 自答か？—

1 疑問と反語

或《ヒト》曰《ハク》、「豈《ニ》孝童之猶子《ナル》与《か》、奚《なんゾ》孝義之勤《ムルコト》若《キト》レ此《クノ》。」

※豈孝童之猶子与……あの孝童《こうどう》さんの甥ですよね、の意。杜甫《とほ》の叔父杜弁は親孝行として有名で、「孝童」と呼ばれていた。「猶子」は甥。

さあ、この中に大切なポイントになる漢字を発見できましたか。

「孝」かな？

「孝」は親孝行のことで、重要語だけど（☞325ページ）、もっと重要な漢字があります。それは**「奚」**です。ここでは「なんゾ」と読んでいます。このほかにも、**V より上に**次の漢字（読み）があったら、それは**疑問の副詞**です。

何

理由を問うとき 読み方 なんゾ 訳し方 どうして

※「奚・胡」に置き換え可能。

目的を問うとき 読み方 なにヲカ 訳し方 なにを

※「奚」に置き換え可能。

場所を問うとき 読み方 いづクニカ 訳し方 どこに

※「悪・焉」に置き換え可能。

様態を問うとき 読み方 なんノ 訳し方 どんな

時間を問うとき 読み方 いづレノ 訳し方 いつ

何為

読み方 なんすレゾ 訳し方 どうして

何以

読み方 なにヲもッテ 訳し方 どうして・どうやって

安

理由を問うとき 読み方 いづクンゾ 訳し方 どうして

※「何・悪・焉・寧」に置き換え可能。

場所を問うとき 読み方 いづクニカ 訳し方 どこに・どこで

※「何・悪・焉」に置き換え可能。

誰 読み方 たれカ 訳し方 誰が

孰

不特定多数を指すとき 読み方 たれカ 訳し方 誰が

二者択一を指すとき 読み方 いづレカ 訳し方 どちらが

豈 読み方 あニ 訳し方 どうして

冒頭の文の**「奚」**は「なんゾ」と読んでいるので、**「どうして」**と**理由を聞いている疑問の副詞「何」と同じ**です。

疑問の副詞を見つけたら、**文末**に次の漢字があるかチェックしましょう。あれば間違いなく**「か」・「や」と読む疑問の終助詞**（文末の疑問の助字）です。

「か・や」と読む疑問の終助詞

乎・邪・耶・与・歟・也・哉

※「也・哉」はほかの意味もあるので注意（☞221・273ページ）。

ここからが差が付くポイントです。
これら疑問の副詞と終助詞の存在を知ったら、**疑問と反語の判別**をしなくてはいけません。

疑問は「好き？」と問いかけの形。
反語は「好きなの？　好きなわけがない」と自問自答で強調する形。

では、次のルールをしっかり守って、苦手にする人が多い疑問と反語を必ず得意にしよう！

疑問と反語の判別

① **疑問の終助詞しかないとき**

・文末の「か・や」の**直前の漢字を「連体形」**で読んでいれば**「か」**と読んで**疑問**。

帰《かへ》ル乎。　読み方 帰る**か**。　訳し方 帰るのか。

・文末の「か・や」の**直前の漢字を「未然形」＋「ン」**で読んでいれば「や」と読んで**反語**。

帰《かへラン》乎。 読み方 帰らん**や**。 訳し方 帰ろうか、いや帰らない。

② 疑問の副詞しかないとき

・**文末の漢字を「連体形」**で読んでいれば**疑問**。

何《ゾ》帰《ル》。 読み方 何ぞ帰**る**。 訳し方 どうして帰るのか。

・**文末の漢字の送り仮名を「未然形」＋「ン」「ンヤ」**で読んでいれば**反語**。

何《ゾ》帰《ラン(ランヤ)》。 読み方 何ぞ帰**らん**（**らんや**）。 訳し方 どうして帰ろうか、いや帰らない。

③ 疑問の副詞と終助詞がセットになっているとき

・文末の「か・や」の**直前の漢字を「連体形」**で読んでいれば「や」と読んで**疑問**（例外もあり）。

何《ゾ》帰《ル》乎。 読み方 何ぞ帰る**や**。 訳し方 どうして帰るのか。

・文末の「か・や」の**直前の漢字を「未然形」＋「ン」**で読んでいれば「や」と読んで**反語**。

何《ゾ》帰《ラン》乎。 読み方 何ぞ帰らん**や**。 訳し方 どうして帰ろうか、いや帰らない。

例文を見てみましょう。「奚」という疑問の副詞がありますね。文末はどうでしょう。「か・や」と読む疑問の終助詞はないですね。ということで、**「疑問の副詞しかないとき」**のパターンになるので、文末の送り仮名をチェックしましょう。「若」の「ごとし」が**「ごとき」**になっています。

	ごとし
未然形	ごとく
連用形	ごとく
終止形	ごとし
連体形	**ごとき**
已然形	×
命令形	×

「ごとき」は連体形なので疑問**「どうして〜なのか？」と問いかけている文**となります。よって、「あの孝童さんの甥ですよね。**どうして**このように孝義に勤めているの**ですか**」という訳になります。

先生！　白文（返り点も送り仮名もない文）だったら……どうするんですか？

そう、それが疑問と反語を苦手にしてしまう人の究極の悩みです。

そのときはとりあえず疑問文にしてみて、直前や直後の文脈を踏まえながら疑問か反語かの判断をしてみてください。ためしに一問やってみましょう。

問題 次の各問いに答えよ。

問1 次の文章の書き下し文と現代語訳を書きなさい。

君子之学必好レ問。捨レ問、其奚《なにヲカ》決焉。

問2 次の文章を読んで、傍線部「豈真不敏者乎」について、筆者がそのように述べる理由の説明として最も適当なものを、後の①〜⑤のうちから一つ選べ。

他日、与二顔・曾二子一言二仁与レ孝、而二子皆自謂レ不レ敏。其遜抑可レ見矣。回之仁・参之孝、三千之徒、未レ能レ或二之先一焉。豈真不レ敏者乎。

※ 顔・曾……孔子の弟子である顔回と曾参のこと。　或……ここでは「有」に同じ。

① 顔回は「仁」に対して、曾参は「孝」に対して、みずからは「敏」でないと言いつつも、実際は他の三千の弟子たちよりも「敏」である態度で取り組んだから。

② 顔回は「仁」に対して、曾参は「孝」に対して、孔子の教えを忠実に守って、実際に他の三千の弟

子たち以上に「遜」である態度で取り組んだから。

③ 孔子は、顔回と曾参が「敏」でないため、顔回には「仁」に対して、曾参には「孝」に対して、他の三千の弟子たちよりも「遜」である態度で取り組むように指導したから。

④ 孔子は、顔回には「仁」に対して、曾参には「孝」に対して、他の三千の弟子たちに対するのと同様に「敏」である態度で取り組むように指導したから。

⑤ 顔回と曾参は、孔子の「古を好む」考えに対しては「遜」であったが、「仁」と「孝」に対しては他の三千の弟子たちよりも「敏」である態度で取り組んだから。

まず**問1**。名詞の「君子」と「学」（学問）という名詞に挟まれた「之」は助詞で「の」と読みます。「君子の学問は」と読むのでSでとらえ、大きなテーマを述べているので「ハ」を付けます（☞164ページ）。「必」は「かならず」と読む副詞。「好」はV、「問」がOなので、「問ふを好む」。「捨」はV、その下の「問」がO、「質問することを捨てて」と読むので「問ふ」に「ヲ」、「捨つ」を「捨テテ」と読みます。「其」は強調で読むので「そレ」、ポイントは**疑問の副詞「奚」**。文末に疑問の終助詞がないため、**副詞だけを使う疑問反語の形**。ここは立派な人の学問は質問を大切にするのだから、その質問をやめてしまったら何も解決できないという内容。そこから**文末は反語で強調**したほうがよいとわかります。「君子の学は必ず問ふを好む。問ふを捨てて、其れ奚をか決せん」。［立派な人の学問は質問を大切にする。その質問を捨てさって何を解決できようか。（いや、何も解決できない。）］

続いて**問2**。「二子皆自謂不敏」から顔回と曾参の弟子は謙遜であったことが伺えるという内容。しかし「回之仁・参之孝、三千之徒、未能或之先焉」。ほかにたくさんの弟子がいたのに、彼らの仁や孝のレベルに並び立つ者がいないという内容。その内容を踏まえたうえで、傍線部のポイントは**疑問反語の副詞「豈」**と**疑問反語の**

文末の終助詞「乎」。結局できないと言っていた二人が誰よりもできているという現実から敏速に学んでいたという内容だから、ここは［どうして敏速でなかっただろうか。いや、敏速だ］↓［本当に彼らは誰より敏速に学んでいたのだ］と**反語で強調している**のです。

> **正解**　**問1**　**君子の学は必ず問ふを好む。問ふを捨てて、其れ奚をか決せん。／立派な人の学問は質問を大切にする。その質問を捨て去って何を解決できようか（、何も解決できない）。**　**問2**　①

そのほかに、こんな形があったのを覚えていますか？

> **敢　不㆓V㆒。**（☞207ページ）

この形も忘れないでおきましょう。

2　詠嘆

［〜か］（疑問）［〜か、いや〜ない］（反語）でも意味が通らないときは**詠嘆［〜だなあ・〜ではないか］**にしてみましょう。

詠嘆の形

① 詠嘆、**単純な詠嘆の形**……**文末**に次の漢字があれば**「かな」**と読む。

～夫。～哉。 読み方 ～かな。 訳し方 ～だなあ。～なことよ。

※「哉」は疑問の終助詞（☞216ページ）でもあるので注意。

② **お決まりの詠嘆の形**……これが出てきたら迷わず詠嘆と判断する。

不㆓亦～㆒乎。 読み方 亦《ま》（た）～ずや。 訳し方 なんと～ではないか。

③ **疑問または反語で訳すと、どうしても意味がうまく通らないとき**……**推測**（～ではないのか）なのでは？と疑う。よくあるものは次の通り。

豈不㆓V㆒乎。 読み方 豈《あ》に～**未然形**ずや。 訳し方 なんと～ではないか。

豈V乎。 読み方 豈に～**連体形**か。 訳し方 もしかすると～ではないか。

3 ～締めの一品～ いかんいかん！ どう？ どうする？

締めに、疑問の副詞の「何」を使った形をもう一品！ この「何」の前か後ろに「如」が付くと、意味が異なる疑問の言葉になります。

文末の「如何」「何如」

～ **如何。** 読み方 如何《いかん》 訳し方 どうしたらよいか。 →どうする？＝**方法**などを聞く

～ **何如。** 読み方 何如《いかん》 訳し方 どうであるか。 →どうなの？＝**様態**などを聞く

この違いわかりますか？ 読み方は同じですが、訳を見てください。「どうしたらよいか」は、「これどうしようか？」のように、**方法**や**手段**を聞くとき。「どうであるか」は、「最近どう？」のように、**様態**を聞くときという違いがあります。

次に、「如何」を**文頭**や**文中**に置くと、**送り仮名**「**ゾ**」を付けて「**どうして**」という疑問の副詞となります。

第2章 句形

文頭（文中）の「如何」「何如」

如何ゾ～
何如ゾ～

読み方 如何《いかん》（何如）ぞ　訳し方 どうして

では、最後にこの「如何」の「如」と「何」が分裂した、**「如～何」**という形を見てみましょう。こんなときは入り込んだ真ん中の「～」のところに、**送り仮名「ヲ」**を付けて、「～を如何《いかん》」もしくは「～を如何《いかん》せん」などと読みましょう。

如～何

如二レ～ヲ一何。

読み方 ～を如何（せん）。

訳し方 **〈疑問〉**～をどうしたらよいか。

〈反語〉～をどうしたらよいか（どうすることもできない）。

「いかん」はほかに**「奈何・何若」**などもあるので、慣れてきたらこの形もプラスしておきましょう。

第8節 比較 ―どれくらい「よい」の？―

1 比較

客曰、「徐公不若君之美也。」

※徐公……人名。

さて、これを読むうえでのポイントになる字は何かな？

「若」？

よい指摘です。

そう、ここでのポイントは**「若」**です。ただし、この「若」はクセモノです。なんと四種類の読み方と意味を持つ漢字なのです。

多読多義語「若」の読み方

① **もシ** 「もし〜ならば」と、**仮定文**で読むとき。
② **なんぢ** 「お前」と、**二人称**で読む（相手を呼ぶ）とき。
③ **ごとシ** 「〜のようだ」と、**比況**で読むとき。
④ **しク** 「〜に及ぶ」と、**動詞**で読むとき。

ここでは徐公と君について客人が答えている内容ですが、①〜④のどの読み方がよいでしょう。実はここのポイントは「若」だけではなく、**その上の「不」とセットである「不若」**なのです。

徐公ハ不レル若カ二君之美ニ一也。

この形を見つけたら、**二つのものを比較する比較形**の句形です。

比較の法則

（A）ハ不《ず》レ若《し》カ二B（スル）ニ一。

読み方 （Aは）B（する）に若《し》かず。

訳し方 （Aは）B（するの）に及ばない。

AとB、二つのものを比較しています。このとき**Aは省略されることもある**ので「不若」の上にAがなければ省略されていると思って、消えたAを補充してみるとわかりやすいでしょう。これで、AとBの二つを比較すると、**【AはBに及ばない。つまり、Bのほうがよい】**という意味になります。

ここまで頑張った君にプレゼント！　実はこの「不若」、この**「若」を「如」に置き換えても同じ読み方、同じ意味**です。

徐公ハ不ルレ如カ二君之美ニ一也。

それじゃあ、ほかの形も「若」を「如」に置き換えることはできないのかなぁ。

すばらしい考えです！

さっきのクセモノの「『若』の読み方」の一覧のうち、② **「なんぢ」以外は置き換え可能**です。

① **もシ**　「もし〜ならば」と、**仮定文**で読むとき。→「若」「如」両方ＯＫ
② **なんぢ**　「お前」と、**二人称**で読む（相手を呼ぶ）とき。→**「若」のみＯＫ**
③ **ごとシ**　「〜のようだ」と、**比況**で読むとき。→「若」「如」両方ＯＫ
④ **しク**　「〜に及ぶ」と、**動詞**で読むとき。→「若」「如」両方ＯＫ

ここでは「徐公」がA、「君之美」がB、この**二つを比較**しているので、「徐公は君の美に若《し》かざるなり」と読んで、「徐公はあなたの美しさに及ばない」と訳します。結局は「あなたのほうがイケメンだ」と言いたいのです。

「若」を④の「しク」で読み、その上に否定の「不」（☞196ページ）を足した形ですね。

最後に。「もし～」という仮定形には「**苟**」（いやしクモ）（もし～ならば）もよく使われます。

問題 **次の文の書き下し文と現代語訳を書きなさい。**

① 百聞不レ如ニ一見一。

② 知レ之者、不レ如ニ好レ之者一。

①のポイントは、**比較の「不如」**。**「百聞」と「一見」が比較対象**。よって「百聞」に「ハ」を、「一見」に「ニ」を付ければ完成。「百回話を耳にすることは、一度目で見ることには及ばない」でもOK。

②のポイントは、**比較の「不如」**。「知」がV、その下の「之」がO。「これを知る」と読むので「之」に送り仮名「ヲ」を付けて「之を知る」。同じように「不如」の下も「之を好む」と読みます。**「知之者」と「好之者」が比較対象**。「知之者」に「ハ」を、「好之者」に「ニ」を付ければ完成。「これを知る人は、これを好む人には及ばない」でもOKです。

正解

① 百聞は一見に如かず。／百回耳にする（聞く）よりは、一度目にした（一回見た）ほうがよい。

② 之を知る者は、之を好む者に如かず。／これを知っている人は、これを好む人のほうがよい。

2 最上級

先生～。

あ～、お腹いっぱいなんでしょ。

え？　どうしてわかったんですか。

人間の真意は目に一番はっきり現れるからね。

こわ～！

本音というものは目に露骨に出やすいので気を付けましょう。さて、今、目に一番はっきり現れると言ったけれども、このように**目が一番！　目に及ぶものはない！　と言い切りたいとき**は、二つのものを比較している場合ではなく、**最上級の形**にします。

最上級の形の法則

(A)(ハ) **莫**《な》シレ **如**《し》クハ **(若)**《し》クハ二レ **B**ニ一。

読み方　(A(は)) Bに如《し》(若)くは莫《な》し。

訳し方　(A(は・について)) Bに及ぶもの(こと)はない。→Bが一番だ。

(A)(ハ) **莫**《な》シレ **B**ナル(ハ)レ **焉**《これ》ヨリ。

読み方　(A(は)) 焉《これ》よりBなる(は)莫《な》し。

訳し方　(A(は・について)) これよりBなもの(こと)はない。→これが一番Bだ。

問題　次の文の書き下し文と現代語訳を書きなさい。

① 不祥莫大焉。

② **知臣莫如主。**

①のポイントは、比較の中でも**最上級の「莫〜焉」**。これが見えないと「焉」は置き字になってしまうでしょう。「不祥」がA、「莫」と「焉」の間の「大」がBに相当するので、「大」に「ナルハ」を付ければ完成。「不吉なことはこれより大きいものはない」と訳します。

②のポイントは、比較の**最上級「莫如」**。「知」はV、「臣」はO。「臣を知る」がAに、「主」がBに相当するので「二」を足せば完成。「臣下を知るのは君主に及ぶものはいない」と訳します。

正解
① **不祥焉より大なるは莫し。／これより大きな不吉はない。**
② **臣を知るは主に如くは莫し。／臣下を知るのは君主が一番だ。**

3 〜締めの一品〜 選択形

う〜ん。

何に悩んでいるの？

第2章 句形

牛丼か豚丼のどっちにしようかなぁと思って。

そこまで悩むことなの？

どうでもいいといえばいいから、余計に悩みます……。

究極の選択に悩まされたことってありますか？　そのときはずっと考えていてもなかなか答えがでなくて、後になったらこんなことに悩まされていたのか！　なんていうことがあるけれども、このように二つのどっちにするか？　という表現が漢文にもあるので、締めの一品にどうぞ。

選択形の法則

Aハ **孰**《いづ》二‐**若**《れゾ》 **B**ニ一。

読み方　Aは Bに孰若《いづれ》ぞ。

訳し方　AはBに比べてどうか。

寧《むしロ》 **A**トモ **無**《なカレ》**（不）**《ず》レ **B**（スル）未然形。

読み方　寧《むし》ろAともBする無かれ（B**未然形**ず）。

訳し方　AしてもBするな（Bしない）。

第2章 句形

第9節 限定と累加 ―限定か？ 否定か？ 反語か？―

或《あるヒト》謂《おもヘラク》、求メ二道ヲ青《せい》城《じやう》ニ一、訪ネ二僧ヲ衡《かう》岳《がく》ニ一、不レ親シマ二名《めい》宦《くわん》ニ一、惟ダ務ムルノミト二玄虚ニ一。

※青城・衡岳……山の名。　名宦……名声のある大官。
務玄虚……俗世をはなれて、道教や仏教の修行に専念すること。

「惟」は**「ただ」**と読む**限定の意味を表す副詞の漢字**です。限定の意味を持つ漢字は、主に次の八つです。

唯《ただ》・特《ただ》・惟《ただ》・徒《ただ》・但《ただ》・只《ただ》・直《ただ》・独《ひとり》

これ以外にも「ただ」と読むものに出会ったら、すべて限定の副詞と考えよう！

これらを見つけたら限定で「ただ～だけ」と訳せばいいんですね。

いや、もう一つ大切なものがあります。

それは、**文末に置かれて「のみ」と読む**限定の意味を表す終助詞の漢字です。主に次の五つです。

爾・已・耳・而已・而已矣

じゃあ、「ただ」と「のみ」のセットがあれば限定と覚えればいいですか？

これも実は疑問と反語と同じように、**副詞「ただ」しか使わないパターン**と**終助詞「のみ」しか使わないパターン**があるんです。まとめておきましょう。

限定の法則

①**限定の副詞のみ**使う形

たダ（**唯・特・惟・徒・但・只・直**）・**独リ**Aのみ。

②**限定の終助詞のみ**を使う形

Aのみ（**爾・已・耳・而已・而已矣**）。

③**限定の副詞と終助詞セット**の形

たダ（**唯・特・惟・徒・但・只・直**）・**独リ**Aのみ（**爾・已・耳・而已・而已矣**）。

※①〜③すべて「ただ〜だけだ」と訳す。

これだけしかないから、さっさと丸暗記しちゃおう。
さて、ここで本題にいきますよ。

限定の副詞の上に否定の「不」「非」がある、もしくは疑問反語の「豈」があるときは注意！

①否定語「不・非」二＋限定の副詞（唯・惟・独）A一。
②疑問の副詞「豈」＋限定の副詞（唯・惟・独）A。

①の形を見つけたら、限定の副詞「たダ」には**「ニ」**を付けて**「たダニAノミ」**と読みます。「独」は「ひとリ」のままで大丈夫。そして否定語「不」ならば「Aノミ」のあとに**「ナラ」**と未然形で読んでから**「ず」**に返ります（☞197ページ）。「非」ならば「Aノミ」のあとに**「ニ」**をつけてから「あらズ」に返ります（☞196ページ）。このように読めたら**「ただ単に**Aだけでなく」と訳します。

②の形も、①と同じように**「たダニ〜ノミ」**と読んで、文末を反語の形で「Aノミ」に続けて**「ナランヤ」**と、未然形＋ンヤと読みます。このように読めたら**「どうしてAだけであろうか」**と訳します。

これらの形は、一つの話題に対して、この話は一つだけではなく**さらにもう一つある**、という単なる限定形ではなく、**累加形**という別の句形なのです。なので、**下に続く文章とセットで読んでいく**ようにしましょう。まとめます。

累加形の法則

①否定語＋限定の副詞の累加形

不《ず》二＋唯《たダニ》＋A一《ノミナラ》。B。

読み方 唯《た》だにAのみならず。B。 訳し方 ただ単にAだけではない。Bもある。

非《あらズ》二＋唯《たダニ》＋A一《ノミニ》。B。

読み方 唯《た》だにAのみに非《あら》ず。B。 訳し方 ただ単にAだけではない。Bもある。

②疑問の副詞「豈」＋限定の副詞の累加形

豈《あニ》＋唯《たダニ》＋A《ノミナランヤ》。B。

読み方 豈《あ》に唯《た》だにAのみならんや。B。 訳し方 どうしてAだけであろうか。Bもある。

※「唯」は「特・惟・徒・但・只・直」など（もしくは「独《ひと》リ」）に置き換え可能。

※「独」は限定形と同じく「ひとリ」のまま。

限定と累加は複雑ではないし、このあたりの句形は適当にやって「ただ限定だけ」で学習を終えている人が多いので、**限定だけではなく累加もあることまで理解**して差を付けましょう！

問題 次の文の傍線部の書き下し文と現代語訳を書きなさい。

① 騾馬三十余、尽ク以テ贈ルニ二同人一ニ、独此騾不レ忍レ棄。

※騾馬……ラバ。「騾」も同じ。　同人……知人。

② 叔不二惟薦一レ仲、又能ク左二-右スルコト之ヲ一如シレ此クノ。

※叔・仲……人物。鮑叔と管仲のこと。

第2章 句形

①は、前半「ラバを三十頭余、すべて仲間に贈った」という内容を大切にします。ポイントは**限定の副詞「独」**。この限定がどこまでかかるかです。三十頭余りいるラバの中でこの一頭のラバを手放せないことから、「この一頭だけ」とするのが適当。よって「騾」に**送り仮名「ノミ」**を付けます。「不忍」は「しのびず」と読み、「～するのに我慢できない」と訳す重要語（☞327ページ）。「～連体形＋ニ忍ビず」→「棄つるに忍びず」と読めば完成。

②の「叔」は人物「鮑叔」でS。ポイントは**累加の「不惟」**。「薦仲」がAに、「又～此。」までがBに相当します。「薦」がVなのでその下の「仲」（人物「管仲」）がO。よって「管仲を推薦する」という意味なので「仲を薦む」と読みます。あとは**送り仮名「ノミナラ」**を付ければ完成です。

正解

① **独り此の騾のみ棄つるに忍びず。／このラバだけは手放すのに我慢ならなかった。**

② **叔惟だに仲を薦むるのみならず／鮑叔はただ単に管仲を推薦しただけでなく**

第10節 願望 ―お願いは二つまで―

先生、ここまで頑張りましたよ。だからちょっと**休ませてくださ〜い**。

もうちょいじゃん！　もう少し**頑張ってください**。
ここに二つのお願いがあったのが見えましたか？
その前に、漢文中の次の漢字は、**相手に何かをお願いしている表現**です。数は少ないから覚えちゃおう。

願望形の法則

請《こフ》・**願**《ねがハクハ》・**庶幾**《こひねがハクハ》・**冀**《こひねがハクハ》　訳し方 どうか〜

ここからが差が付くポイントです。
みんなこれだけを見て「願望みっけ！」と言って満足しているようですが、大事なのはここからです。さっきのやりとりでも、二つのお願いがあると言いました。

ちょっと**休ませてください**。

もう少し**頑張ってください**。

この二つの願望は違う意味であるのがわかりますか。生徒のほうは**「〜させてください」**と**自分の願望**を述べたのに対して、私は**「〜してください」**と**相手への願望**を述べました。お願いにはこの二つがあるんです。

漢文でもこの見分けが必要ですが、見分けはとても簡単！　**文末の送り仮名**を見てください。

願望形の法則

(自分の願望)　文末 **未然形** ＋ン。……**〜させてください。**→休ませてください。

(相手への願望)　文末 **命令形** ……**〜してください。**→頑張ってください。

では次の文を見てください。

請フ以テレ戦ヲ喩ヘン。

ポイントは**「請」**ですね。これはどっちのお願いでしょう。文末の「喩（たとフ）」を「たとへ」と**未然形**で読み、そのあと**「ン」**を付けて読んでいます。「どうか戦争にたとえさせてください」という**自分の願望**ですね。

簡単でしょ。**お願いの漢字を見つけたら、お願いの仕方は二つまで！**　すぐに文末で見抜くようにしましょう。

もし送り仮名のない白文のときは、前後の文脈の流れや話し手などを把握して、どちらのタイプのお願いなのかを考えます。練習しましょう。

問題 次の文の書き下し文と現代語訳を書きなさい。

① 願大王急渡。（相手への願望）

② 請君為レ我聴。（自分の願望）

①のポイントは**願望の「願」**。相手への願望として読むので、**命令形**で「渡れ」と読めば完成。

②のポイントは**願望の「請」**。「こフ」と読みます。「為」の下に名詞「我」があるので「我の為に」と読み、ここは自分の願望なので文末を「聴く」の**未然形の「聴か」＋「ン」**と読めば完成。

正解

① 願はくは大王急ぎ渡れ。／どうか大王急いで渡ってください。

② 請ふ君我の為に聴かん。／どうか君よ私のために聴かせてください。

第11節 抑揚 ―前半スラスラ、後半ヲヤヲヤ―

もういいよ～と弱音を吐いている人！ ここまで**でさえ**頑張れたのだから、**まして**これから先は**なおさら**頑張れるはず！ 句形もラストです。

愚夫《モ》非《ズンバ》二天《ノ》聡明《ニ》一、不レ能《ハ》レ為《ル》レ人《ト》。況《ンヤ》士子《ヲヤ》。

ここでポイントになる字は何でしょう。

否定の「非」かな。

たしかに「非」は大事な否定（☞196ページ）でしたよね。でもここでは**「況」**がポイントなんです。**「況～（乎）」**があったら**抑揚形**になります。

抑揚形の基本

A＋猶《な》ホ・尚《な》ホ・且《か》ツ＋B。（而）況《いは》ンヤ＋C＋乎。

ここから一つずつ注意点を述べながら、この基本の形に補足していきます。

注意点① **「況」より上に「猶・尚・且」があったら、**その上の**Aには送り仮名「スラ」**を付けましょう。

死馬(A) 且《ツ》 買《フ》レ 之《ヲ》。況《ンヤ》 → 死馬(A)《スラ》 且《ツ》 買《フ》レ 之《ヲ》。況《ンヤ》

注意点② **「況」の直前に「而」があったら、**「而」は通常順接（そして）で「しかして・しこうして」、逆接（しかし）で「しかるに・しかれども・しかも」と読みますが、**抑揚形のときは「しかるを」**と読みましょう。

而 況《ンヤ》 人 乎。→ 而《しかルヲ》 況《ンヤ》 人 乎。

注意点③ **「況」より下（文末）に「乎」があったら、**「乎」は通常疑問反語の終助詞で、文末を連体形＋か（疑問）、未然形＋んや（反語）で読みますが、**抑揚形のときは「をや」**と読みましょう。

況《ンヤ》 人 乎。→ 況《ンヤ》 人《ヲ》 乎《や》。

以上のことをまとめるとこうなります。

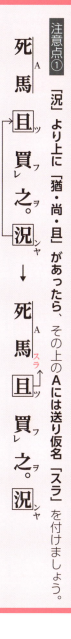

抑揚形の法則

A《スラ》猶《なほ》（尚《なほ》・且《かツ》）B《ス》。（而《しかルヲ》）況《いはンヤ》C《ヲ》乎《や》。

読み方　Aすら猶ほ（尚ほ・且つ）Bす。（而るを）況んやCをや。

訳し方　AでさえBなのだ。ましてCはなおさら（Bだ）。

死馬《スラ》且《ツ》買《フ》レ之《ヲ》。況《ンヤ》生《ケル》者《ヲ》乎。

訳　死んだ馬でさえ買うのだ。まして生きた馬はなおさら買うはずだ。

これで抑揚形は完成！　冒頭で言ったでしょ。ここまで**でさえ**頑張れたのだから、**まして**これから先は**なおさら**頑張れるはずだって。これも抑揚の形ですね。

問題　次の文の傍線部の書き下し文と現代語訳を書きなさい。

①　先《ヅ》従《より》レ隗始《メヨ》。<u>況賢二於隗一者、豈遠二千里一哉。</u>

※隗……人名。郭隗。

② 弓猶失レ之、而況於レ治乎。

※失……わからない。　治……政治。

①のポイントは**抑揚の「況」**とその下の**疑問の副詞「豈」**。抑揚の訳から考えれば疑問ではなく**反語**。「遠いとする」の「遠しとす」を未然形＋ンヤで読み、「遠しとせんや」。その[V]の下の「千里」が[O]。「千里を遠いとするだろうか。遠いとも思わずやってくる」という意味なので「千里」に「ヲ」を付けて「豈に千里を遠しとせんや。」と読めばOK。前半は「まして郭隗より賢い人は」という意味なので、「隗」に「ヨリ」を付けます。「賢」は終止形が「賢なり」なので、下の「者」につなげるために連体形「賢なる」と読みます。また**「於」は置き字**ですが、実際は意味があります（☞275ページ）。

②のポイントは**「～猶～、而況～於～乎。」**で、**抑揚**だと見抜けていること。「猶」の上の「弓」がAに、「猶」の下の「失之」がB、「而況」以降がCに相当します。まず「弓」に送り仮名「スラ」を付け、「失」が[V]、その下の「之」が[O]で「之を失ふ」と読みます。「治」のところに「二」を付け、文末を**抑揚独特の送り仮名「をや」**で読めば完成です。「スラ」の訳し方は、「～でさえ」です。

正解

① 況んや隗より賢なる者、豈に千里を遠しとせんや。／まして私より賢い者なら、どうして千里（の道のり）を遠いなどとしましょうか。

② 弓すら猶ほ之を失ふ、而るを況んや治に於てをや。／弓でさえこれを理解していないのだ。まして政治についてはなおさら理解していない。

第2章 句形

第12節 省略語

おめでとう！　よくここまで頑張ってくれました。これで漢文の読みに自信がついてきたと思います。しかし、私たちはそれで満足していてはいけません。なぜなら読めるだけでなく、**限られた時間で長文を読むために必要なことを心得て、共通テストで得点できなければ意味がないからです。**そこで、ここからは正しい読解ができるようにしていきましょう。さあ、ゴールまで近づいてきましたよ。

先生、漢文を読んでいると途中で誰の発言か、何を言っているのかわからなくなってしまうんですけど……。

漢文は古文と同じように言葉が省略されることが多いですからね。
まずは漢文の基本構造を思い出しましょう（思い出せない人は第1章を再チェック）。

主語＋述語＋目的語。

そうですね。ところが、その中で**主語と目的語が省略されやすい**んです。

省略されやすいところ

S + V + O → (S) V (O)

(S) ← 省略

(O) ← 省略もしくは「之《これヲ(ニ)》」になる。

この省略された言葉、ふだんはどうしていますか？

時間がないのでそのまま先に読み進めます。

それです！

省略されたものはそのまま放置してはいけません。

どんなに面倒であっても、**消えた主語や目的語は必ず補充する**癖をつけましょう。

でも、その補充ができないから飛ばし読みするんですよ。

そんなに難しく考えないで。

まずは、**消えた言葉は直前にある主語と目的語から補充しましょう。**

吾ガ郷ノ**銭明経**善クス二詩賦ヲ一。毎歳**督学**ノ科歳ニ試ミルニ二古詩ヲ一、**銭**ハ必ズ冠軍タリ。

この文章とても読みやすいでしょう。理由は簡単！　何も省略されていないからです。

「消えた言葉は直前にある主語と目的語から補充」が通じないときは、さらに**その前、もしくは直後の主語や目的語を補充**してみます。

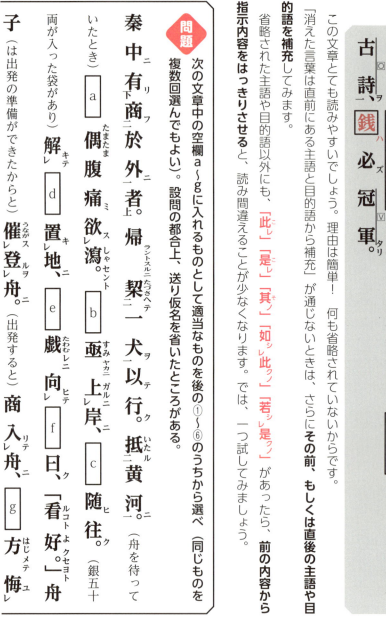

省略された主語や目的語以外にも、「此《こ》レ」「是《こ》レ」「其《そ》ノ」「如シレ此クノ」「若シレ是クノ」があったら、**前の内容から指示内容をはっきりさせる**と、読み間違えることが少なくなります。では、一つ試してみましょう。

問題　**次の文章中の空欄a～gに入れるものとして適当なものを後の①～⑥のうちから選べ（同じものを複数回選んでもよい）。設問の都合上、送り仮名を省いたところがある。**

秦中ニ有リ下商フ二於外ニ一者上。帰ラントスルニ挈《たづさ》ヘテ二一犬ヲ一以テ行ク。抵《いた》ル二黄河ニ一。（舟を待っていたとき）［a］偶《たまたま》腹痛ミ欲スレ瀉《しゃ》セント。［b］亟《すみ》ヤカニ上ガルニレ岸ニ、［c］随ヒ往ク。（銀五十両が入った袋があり）解キテレ［d］置キレ地ニ、［e］戯《たわむ》レニ向ヒテレ［f］日ク、「看ルコト好《よ》クセヨト。」舟子（は出発の準備ができたからと）催《うなが》スレ登ルヲレ舟ニ。（出発すると）商入リテレ舟ニ、［g］方《はじ》メテ悔ユレ

忘ルルヲ二**銀**ト **与**ヲレ**犬。**

※秦中……地名。　瀉……下痢。　舟子……船頭。

① 商者　② 犬　③ 客　④ 船頭　⑤ 布袋　⑥ 舟

aの前まで[S]はずっと「秦中有商於外者」、つまり**商売人（「商者」）**です。**消えた言葉は直前から探す**ので、**a**も**b**も[S]は「商者」とわかります。**c**はその下の[V]を見てください。「随往」とあります。ここに[S]として**a**・**b**と同じ「商者」を入れたら、腹痛に苦しむ商人が急いで岸に上がると、商人も一緒についてくることになって、おかしな内容です。冒頭で商人は犬と一緒でした。ついてくるのは**犬**しかいません。**d**は**[O]が省略**されています。直前は銀五十両の入った袋なので、その袋を解き放って地面に置いたという流れです。**e**の[S]は、直前でも袋を解き放ったのが誰かは省略されているので、さらに一つ前の[S]に戻ると「犬」です。しかし**e**に「犬」を入れ、[S]にして読み進めると、犬が話しはじめることになってしまいます。よって**商人**のほうがよいでしょう。すると次の**f**の[O]に入るものは、共にしている**犬**となります。**g**の[S]は、直前からでも直後からでも、舟に乗って大切な忘れ物をした人が誰なのかはっきりするでしょう。こうやって**消えた言葉が見えてくるようになると、漢文はとても読みやすくなります**。そしてきっとこの文章を読んでいくうちに、この話のその後の展開が気になるでしょう。そう、その気持ちが大切なのです。頑張ったあなたに簡潔に教えます。

その後、商人はお金のことが気になるものの、置いた場所すら覚えていないので（犬よりお金が先か！）、急いで行っても意味がないとそのまま帰りました。翌年、同じ場所に行く機会があり、お金と犬が気になり探したところ、犬が何かを覆っている形で白骨化していたのを発見しました。埋葬しようと土を掘ると、そこにあの銀五十両があったのです。つまり犬は商人の冗談交じりの「看好」を、けなげに死守していたのです。商人は泣き崩れて犬のために墓を作ったということでした。

正解

a ①

b ①

c ②

d ⑤

e ①

f ②

g ①

文章を何度も読んだり、訳したりして、速読できるようにしよう！

第13節 意味不明な漢字

先生、読んでいると意味がわからない漢字が出てきて困るんです。

そのときにどうしているのかな。意味がわからない漢字があっても熟語が浮かぶと楽ですが、それではフィーリングになりますよね。大切なのは**一文の流れをもう一度確認する**ことです。次の問題を解いてみてください。

問題 次の文章の傍線部「善」の意味を表す熟語として最も適当なものを、後の①～⑤のうちから一つ選べ。

吾ガ郷ノ銭明経善二詩賦一ヲ。毎歳督学ノ科歳ニ試ミルニ二古詩一ヲ、銭ハ必ズ冠軍タリ。

※銭明経……人名。

賦……韻文の一種。長編を原則とする。

督学……官名。官吏を登用するための予備段階の試験において出題や採点を管轄した責任者。

科歳……科試と歳試。ともに官吏登用のための予備段階の試験のこと。
冠軍……成績最上位者。

① 絶賛　② 特技　③ 博覧　④ 愛好　⑤ 多作

正解を選べましたか。

実はⅤの位置に置かれた**「善」は漢文単語なので、その知識があれば即答できる問題**なのです。やはり重要語は大切ですね。巻末の重要語を学ぶ時間を必ず作りましょう。

しかし、その単語を知らなかったり、緊張して覚えたはずの単語を忘れてしまったりしたら、あきらめるしかないのでしょうか。そんなときにやりがちなのは、その一字を見て何となく答えを出す＝フィーリングです。それでは得点は安定はしません。

まずこの**「善」がどのような流れで出てきたのか確認**してみましょう。

私の故郷の銭明経は詩や賦を**善**だった。毎年督学が科試と歳試で古詩を試してみると、銭明経はいつも成績最上位者だった。

どうでしょう。「銭明経は詩や賦を**善**としているから、毎年督学が試験で古詩を出題すると、**いつも成績トップだった**」ということから、彼は**詩を作るのが得意**であったわけです。

では、選択肢を見直します。

① 詩や賦を**絶賛**するから詩でいつも成績トップになれるのなら、誰でも誉めますよね。

② 詩や賦を**特技**としていたから詩でいつも成績トップになれたというのは、意味が通ります。

③ 詩や賦を**博覧**していたら詩でいつも成績トップになれるのは、すごすぎです。

④ 詩や賦を**愛好**しているだけでは、詩でいつも成績トップにはなれないでしょう。

⑤ 詩や賦を**多作**するだけで詩では、いつも成績トップにはなれません。

ねっ、②以外の「絶賛・博覧・愛好・多作」するだけでは、トップにはなれないでしょ。

正解・②

このように**一字に悩んだら、一文の流れを確認する**ことを心がけましょう。

問題 次の文章の傍線部「生」の意味として最も適当なものを、後の①～⑤のうちから一つ選べ。

楚ニ有リ二養ヒテレ狙《そ》ヲ以テ為スレ生者一。楚人謂フ二之ヲ狙《そ》公《こう》ト一。旦日必ズ部二‐分衆狙ヲ于庭ニ一、使ム下老狙ヲシテ率ヰテ以テ之《ゆ》キ二山中ニ一、求メ中草木之実ヲ上。賦シテ二什《じふ》ノ一ヲ一以テ自ヲ奉ズ。

※楚……古代中国の国名の一つ。
旦日……明け方。

部分……グループごとに分ける。
賦什一……十分の一を徴収する。
自奉……自らの暮らしをまかなう。

① 往生　② 生計　③ 生成　④ 畜生　⑤ 発生

（共通テスト試行調査）

「生」は残念ながら句形でも重要語でもないので、即答できません。ではどうするのか。そう、**一文の流れを確認する**のでした。一文は「楚の国に猿を飼ってそれで〈生〉をする者がいた」です。この人は猿を飼うことで何をしていたのでしょう。①「生まれ変わる、あきらめておとなしくする」②「生活のための手段や方法」③「つくり出す」④「人に飼われる生き物」⑤「生じる」。どれが正解か答えられましたか。

もし答えられなかった人、答えを出したけれども不安な人は、そのときは飛ばして**次の展開**を読んでみましょう。「明け方になると必ず猿たちを庭でグループごとに分けて、老狙を引き連れて山の中に行き、草木の実を求めさせた。その十分の一を徴収して自らの暮らしをまかなっていた。」とあります。これで決まったでしょう。**「狙公」は猿を飼うことで生計を立てていた**わけですね。このようにしてフィーリングはやめて、**文脈から答えを導き出す**ようにしていきましょう。

正解・②

第14節 喩《たと》え話

文章を読み進めていく中で、**突然話が変わったら無関係にしてはいけません！**
まずは、有名な思想家、韓非子《かんぴし》の文章を読んでみましょう。

宋人有二耕レ田者一。田中有レ株、兎走、触レ株折レ頸而死。因釈二其耒一而守レ株、冀二復得レ兎。兎不レ可二復得一。而身為二宋国笑一。

これまで学んできたポイントを活《い》かしながら、読めて訳せましたか？

ポイント

有（☞165〜167ページ）　**而**（☞160・275〜276ページ）　**不可**（☞200ページ）
復（☞210〜212・329ページ）　**為**（☞331ページ）

書き下し文　宋人に田を耕す者有り。田中に株有り、兎走りて、株に触れ頸を折りて死す。因りて其の耒を釈てて株を守り、復た兎を得んことを冀ふ。兎復た得ず。而して身は宋国の笑ひと為れり。

訳 宋国の人で田畑を耕す者がいた。その田畑の中に切り株があり、兎《うさぎ》が走ってきて、切り株に接触して首を骨折して死んだ。そこでその人は農具の鋤《すき》を捨てて（農作業をやめて）切り株を見守って、もう一度兎を獲得しようと（切り株を）見守っていた。しかし兎は二度と手に入らなかった。彼の身は宋国の笑い者となった。

この話の時点で、韓非子は何を主張したいかわかりますか？

え？　単なる笑い話なんじゃないの？

続きがあるから読んでみましょう。

今欲㆘以㆓先王之政㆒、治㆗当世之民㆖、

ポイント
欲（☞274ページ）　**以**（☞273ページ）

書き下し文
今先王の政《まつりごと》を以て、当世の民を治めんと欲するは、

訳 ところで今先王の政治のやり方で、今の民を治めようとするのは、

なんでいきなり政治の話になったの？

韓非子が言いたいことは、実はここから。**今の政治についての話をするために、前置きにしていたのが宋国の笑い者の話**だったんです。

じゃあ、前置きの話は何にも意味がないってこと？

いや、これが漢文によく登場する**比喩**《ひゆ》というものなのです。ほら、さっき言ったばかりでしょう。**突然話が変わったら無関係にしてはいけません**と。

続きを読んでみましょう。

皆守レ株之類也。

ポイント **也**（☞273～274ページ）

書き下し文 皆株を守るの類なり。

訳 すべて株を見守る話と同類なのだ。

どうかな？　無関係ではなかったでしょ。

宋人の切り株の話	政治の問題の話
一度得た兎《うさぎ》をもう一度得たいと願って切り株ばかり見つめていたら、同じことは二度と起きなかった。 ↓ 一度うまくいった過去のことを、今でも同じようにしても失敗に終わる。	昔の先王の政治のやり方を今の世の中でもう一度治めようとしたら、切り株の話と同じ結果になる。 ↓ 昔の政治のやり方がよかったからといって、今の世を生きる民に施しても失敗に終わる。

このように**自分の主張したいことがあるときに、その前に比喩を使ってわかりやすくします。**なので、**突然話が変わっても内容はつながっている**と理解してください。この**比喩＝主張**に慣れましょう。

故事成語　守株

守ル㆑株ヲ（株を守る）……いつまでも古い習慣にこだわること。

問題 次の文章を読んで後の問いに答えよ。

江南という場所には竹が多く、人々は筍《たけのこ》を食べるのを習慣とした。春になるたびに、筍の外皮が土から出ると、筍の小さな若芽は、ほとんど採集されて食用になる。

風流な人は、清雅な光景を選り好んで、伸びている竹を切らず、それにより庭園の竹は豊かで美しい。しかし庭園の主人が日頃から竹を愛護しているといっても、その筍が食べ頃になると、筍は掘られ、庭園の美など顧みられない。ただ、その味が苦くて、食用にならない筍だけが、常に傷付かない状態である。渓谷や山中、地面に散らばって生え、採られていないものは必ずまずい筍として棄《す》てられているのである。しかし、おいしい筍はみな採られてしまう。つまり、おいしい筍は自分で自分を傷付けているようなものである。苦いものは、棄てられているといっても、切り取られずに済んだのと同じようなものだ。

そもそも、食べ物はおいしいもののほうが大切にされ、苦いものは傷付けられずに命を全うすることができる。世間でも、みな貴い人間が採用され、必ず賤《せん》なる人間が棄てられる。しかし、それは決して採用される者が幸せというわけではなく、棄てられる者のほうが実は幸せであることがわかる。これが『荘子《そうし》』のいわゆる『無用なものが役に立つ』というものではなかろうか。

問　筆者の主張の説明として最も適当なものを、次の①～⑤のうちから一つ選べ。

①『荘子』の言葉を述べる筆者は、この苦い筍がたどった運命は、無用のはたらきかけを戒める『荘子』の考え方と正反対のものであったと指摘している。

②『荘子』の言葉を述べる筆者は、この苦い筍が役に立たないことを自覚してこそ世間の役に立つという『荘子』の考え方を体現したものだとたたえている。

③『荘子』の言葉を述べる筆者は、この事例を根拠に、無用のものを摂取しないことが天寿を全うする秘訣だという『荘子』の考え方に反論している。

④『荘子』の言葉を述べる筆者は、この事例から、無用のように見えるものこそ役に立つという『荘子』の考え方が見失われがちなことを嘆いている。

⑤『荘子』の言葉を述べる筆者は、この苦い筍の中に、世間で無用とされるものこそ天寿を全うするのだという『荘子』の考え方を見いだしている。

これはセンター試験で出た問題文を簡単にまとめたものです。さて、前半の筍の話と、後半の人間と荘子の話を別のものにしてしまうと、話は一気にわからなくなってしまいますね。前半の話で苦い筍は、誰にも相手にされなかったことで、傷付けられることなく、寿命を全うできました。荘子も **「役に立たないものが役に立つ」** と言っていて、この言葉は、苦い筍と「賤なる人間」とは同じようなものだと意味していると筆者は主張しています。そこがつかめれば、あとは間違い探しをするだけです。①はなぜ「苦い筍がたどった運命」が『荘子』と正反対のもの」になるのでしょう。本文とはそれこそ正反対の内容。②「役に立たないこと」を「自覚」する話はないはず。③「無用のものを摂取しないことが天寿を全する秘訣」ということは書いていないはず。④「無用のように見えるものこそ」とは書いていません。荀と荘子を使ってまとめた筆者の主張に合致している⑤**が正解**です。

正解・⑤

比喩は、必ずあとの主張につながっているということを忘れないでね！

第15節 漢詩

漢詩はお手上げ状態の人が多いですが、恐れることはないです！ **法則をしっかり使えれば、漢詩は意外と漢文より簡単です。** そのための基本は三点だけ。

①**形式**を活《い》かす。
②**押韻**《おういん》を利用する。
③**意味**を早くつかむ。

覚えてほしいのはこれだけです。少しは気が楽になったかな？

うん、それだけでいいなら漢詩もなんとかなりそう。

1 形式

では、まず形式から始めます。いきなり読むのではなく、まずは**一句が何文字あるか**を確認しましょう。

我来㆓揚子江頭㆒望
一辺白雲数点山
安得㆜置㆓身天柱頂㆒
倒看㆛日月走㆚人間㆙

例文は**一句が七文字**ありますね。このような場合、「七言《しちごん》」と呼びます。

次に**全体が何句**あるのか調べてみましょう。ここの場合、**四句**でできています。四句の漢詩を「絶句《ぜっく》」と呼びます。まとめると、この詩は「七言絶句《しちごんぜっく》」と呼びます。これが**形式**です。簡単でしょう。

漢詩読解に必要な形式として、次のことだけ覚えましょう。

漢詩の法則（形式）

① **一句が何文字あるか**を数える。
五文字であれば→五言《ごごん》　**七文字**であれば→七言《しちごん》

② 次に**全体が何句あるか**を数える。
四句であれば→絶句《ぜっく》　**八句**であれば→律詩《りっし》　それ以外→古詩《こし》

問題　次の漢詩の形式を答えなさい。

欲下丹青筆　先拈宝鏡端
已驚顔索寞　漸覚鬢凋残
涙眼描将易　愁腸写出□
恐君渾忘却　時展画図看

（センター試験）

まずは**一句が何文字あるか**の確認でしたね。一句は「欲下丹青筆」で五文字。五文字でできている漢詩は「五言」です。次に**全体が何句あるか**の確認でした。五文字ワンセットの一句を横にではなく上下に見て数えていくと、全体は八句あります。八句の漢詩は「律詩」と呼ぶので、この詩の形式は「五言」＋「律詩」です。

正解・五言律詩

2 押韻《おういん》

押韻とは**「決まった句の最後の漢字が同じ音の響きになる」**ことです。

我来リテ二揚子江頭ニ一望メバ
一辺ノ白雲数点ノ**山**
安《いづくンゾ》得ン丁置キ二身ヲ天柱ノ頂ニ一
倒《さかしまニ》看ルヲ丙日月ノ走ルヲ乙人**間**ヲ甲

ここでは二句目の最後の漢字を見てみましょう。「山」を音読みにすると「サン（san）」になります。そして今度は四句目の最後の漢字を見てみましょう。「間」を音読みにすると「カン（kan）」になり、どちらも「アン（an）」で同じ音の響きになっています。これが**押韻**です。

漢詩読解に必要な押韻として、次のことだけ覚えましょう。

漢詩の法則（押韻）

五言の漢詩（五言絶句・五言律詩・五言古詩）も、**七言の漢詩**（七言絶句・七言律詩・七言古詩）も、**偶数句末が押韻**になる。

ただし、**七言詩は第一句末も押韻する。**

※まれに、原則通りにならない漢詩があることは心得ておこう。なので、例文の漢詩も七言律詩なのに、第一句末が押韻になっていないのです。

それでは、一問やってみましょう。

問題 空欄に入る語として最も適当なものを、後の①～⑥のうちから一つ選べ。

欲下丹青筆　先拈宝鏡端
已驚顔索寞　漸覚鬢凋残
涙眼描将易　愁腸写出□
恐君渾忘却　時展画図看

（センター試験）

① 痛　② 難　③ 哀　④ 寂　⑤ 辛　⑥ 安

五言詩は偶数句末が押韻になるので、二句末「端」四句末「残」八句末「看」の音をチェックします。「端」↓「タン（tan）」、「残」↓「ザン（zan）」、「看」↓「カン（kan）」と「an」と、同じ音の響きであることを理解したら、すぐに選択肢をチェック。そうすると「an」の音の響きになるものは②「難」↓「ナン（nan）」⑥「安」↓「アン（an）」に絞れます。では残った二択をどうするのか。次の法則を使います。

3 意味のつかみ方

では最後に、漢詩がよりスムーズに理解できるようになるトリセツを学びましょう。

漢詩の法則（意味のつかみ方）

①**タイトル**（詩題）を利用しよう。

詩のタイトルがあるときは、それが最大のヒントになります。その**タイトルから詩の全体をつかむ**ようにしましょう。

杜牧の「山行」（「山が行く」では意味がおかしいので、「山の中を行く」↓山歩きの話）、杜甫の「春望」（「望」は「希望・願望」もありますが、ここでは「眺望」で「眺め」のこと↓春の景色を眺めている話）、孟浩然の「春暁」（「暁」は夜明け。↓春の夜明けの話）、白居易の「耳順吟」（「耳順」は年齢を表す言葉で「六十歳」↓六十歳の時の歌の話）など。

②**速読法**を利用しよう。

五言詩は二・三に区切り、**七言詩は四・三**、もしくは**二・二・三**に区切ると、意味を捉えるヒントとなります。

〈五言詩〉○○／○○○　〈七言詩〉○○○○／○○○　もしくは　○○／○○／○○○

③**律詩**は**対句**を利用しよう。

対句は基本的に律詩の中に登場します。八句の中の**三句目と四句目**、そして**五句目と六句目**が**同じ構造**であったり、**同じ内容**であったり、**正反対の内容**であったりします。

④**最後の一～二句**で**作者の心情**をつかもう。

さて、③対句を利用して、先ほどの押韻のところで扱った詩をもう一度見てみましょう。**律詩は、三句目と四句目、五句目と六句目が構造や意味に何かしら関係があります。**

欲シレ下サント二丹ノ青ノ筆ヲ一、先《まヅ》拈《とル》二宝鏡ノ端ヲ一

已ニ驚ク顔ノ索《さく》寞《ばくタルニ》　漸《やうやク》覚ユ鬢《びん》ノ凋《てう》残《ざんスルヲ》

涙眼描キ将《ゆクコト》易ク、愁腸写シ出ダスコト□

恐ル二君ノ渾《すベテ》忘センコトヲ却一、時ニ展《ひろゲテ》二画図ヲ一看ヨ

空欄になっているのは六句末です。ということは、**六句目と対句している五句目をチェック**すればよいのです。

五句目 **涙眼／描　将易**　**六句目** **愁腸／写　出□**

「涙眼」と「愁腸」、「描」と「写」、「将易」と「出□」がそれぞれ対応しています。それでは、□と対応している五句目の字をチェックしてみると、**「易」**とあります。「涙の目を描くことは容易」だけれども、「愁いの思いを写し出すことは」どうなのでしょう。選択肢の「安」よりも、「易」の反対の**「難」**で「難しい」のほうがぴったりですね。なので**「難」が正解**。このように、**対句を利用**することは効果的なのです。

正解・②

こうやって漢詩を扱えば、もう怖くありません！

第16節 頻《ひん》出《しゅつ》表現

なかなか読むスピードがあがりません……。

やはり読むスピードを上げないと点数も取れませんよね。

よく「読み慣れ」という言葉を聞くけれども、いろいろな科目をやらなければいけないので、そう簡単に読み慣れないものです。なので「読み慣れ」といった決まり文句ではなく、ここでは読み慣れるための**ポイントの字を発見する**ことを大切にしましょう。**頻出のものを使って速読**するのです！　次の例文を見てください。

豈荘子所謂以無用為用者比耶。

※荘子……人物。戦国時代の思想家。

この中にポイントの字はありますか？

「豈～耶」と「所謂」かな。

そうですね。「豈〜耶」は疑問・反語の句形だし、「所謂」は重要単語（☞327ページ）ですね。今回「豈〜耶」が浮かばなかった人は、第2章第7節の「疑問と反語」を再チェックしましょう。でもほかにもあるのです。

知っておきたい頻出表現

Ⓢ 以《もつテ》A《ヲ》為《なス》B《ト》。

読み方 Ⓢ Aを以てBと為す。

訳し方 （〜が）AをBとした。（〜が）AをBと思った。

ここも

以無用為用

見えますか？ ここで、この文をどう読むべきかという、実際の過去問の選択肢を見てみましょう。

① 豈に荘子の所謂**以て無用の用を為す**者をば比へんや。
② 豈に荘子の所謂**無用の用たるを以て**比ふるか。
③ 豈に荘子の所謂**以て無用の用を為す**者の比ひなるか。
④ 豈に荘子の所謂**無用を以て用を為す**者をば比べんや。

⑤ 豈に荘子の所謂**無用を以て用と為す**者の比ひなるか。

ねっ、きちんと学んでいる人はすぐに⑤を選べるでしょ。**頻出のものを知っておくと、スピードは確実に上がる**のです。

そして、即決できるからこそ、やるべきことがあります。

今回はこのように学んでいてよかった！ と実感できる設問ですが、でもせっかく即決できたのなら、余った時間は**必ずその選んだ選択肢を訳してみて、文脈に合うかどうかを確認する時間に当てましょう。**

ちなみに、この「以A為B」（Aを以《もっ》てBと為《な》す）は、**Aを省略した形「以為B」（以てBと為す）でも頻出**です。さらに**「以為B」**で**「おもへらくBと」**と読むこともあります。

長文を読むのに知っておくと楽な頻出表現

以A為B。

「Aを以てBと為す」と読み、**「AをBとする（思う）」**と訳します。また前半の「Aを以て」が省略された形、**「以為～。」（以て～と為す）**の形も頻出。さらに**「以為《おも》へらく～」**と読み、**「～と思った」**という形もあります。

A之B也、

「AのB**連体形**や、」と読み、**【AがBした際、AがBした（とき）、AがBするのは】**などと訳します。

有AB者。無AB者。

「場所ニ有《あり》二（無《なシ》）VスルN者一。」で、**【AにBする人がいた（いない）】**などと訳します（☞166ページ）。

者

「者」が出てくると、安易に「もの」と読んで**【人】**だと決めつけてしまう人がいますが、この「者」はそれ以外にも**【もの・こと】**を指していたり、格助詞のように「は」と読んで**【〜は】**という意味で使われたりすることもあります。前後の文脈からきちんと判別できるようにしておきましょう。

以レ□

Sの下に「以」があり、その「以」とVの間に言葉が挟まれていたら、それは前置詞の役割を果たす「以」です。そのときは「以レ□」「以二□一」と返り点を付け、□に送り仮名**【ヲ】**を付けましょう。**【〜を以て】**と読み、**【〜を・〜で・〜ために・〜を使って】**などと訳します（☞164ページ）。

〜也。〜矣。〜焉。

文末に「也。矣。焉。」があれば、「也」以外は読みはないので、置き字で終わりになってしまいますが、これらは**断定の意味を表す助詞**です。断定の「也」は**「なり」**と読み、**「〜だ。〜である」**と訳して意識しておけば、文章の中で強調している部分を読み取ることができます。なお、「也」はもう一つ、**「や」と読む疑問反語の意味**もあることをお忘れなく（☞216ページ）。

欲〜

「欲」を「欲望」とするのは誰にでもできることで、入試で問われることは稀《まれ》です。漢文で「欲」が出てきたら、**「ほっす」**と読むことが大切です。「欲」は最後に読むⅤから返って読み、そのⅤのところの送り仮名は「未然形＋ント」となります。これで**「〜未然形＋ント欲す」**で**「〜しようとする。〜しようと思う」**などと訳します。

可以〜。

「可」も頻出で、「ベシ」と「かナリ」の読みがあります。「可」が**Ⅴより上**にあるなら、助動詞**「ベシ」**、**Ⅴの位置**なら**「かナリ」**です。その「可」の下に「以」があると「可㆓以Ⅴ㆒」で**「以てⅤ終止形べし」**と読み、**「Ⅴできる」**と訳します。

〜則〜。

「則」の**直前の送り仮名に「バ」**が付いたら、**「(もし)〜ならば、〜すると、〜なので」**と仮定文で訳し、**「ハ」**が付いたら、**「〜はつまり〜だ」**と判定文で訳します。

於

「於」よりも下にVがある場合は、**「於」に返り点を付け**、この「於」の直前の最後に読む漢字の送り仮名に**「二」**を付けて、「(S) 於《おいテ》二レ□《ニ》一V」で**「～に於て」**と読み、**「～で」**と訳します。

「於」より上にVがある場合は、**「於」に返り点は付かず**、**置き字**です。しかし、その「於」の下にある漢字の中で最後に読む漢字のところ（Vの直前で読むべき漢字のところ）が**場所を表すなら「二（～に・で）」**、**目的なら「ヲ（～を）」**、**起点なら「ヨリ（～から）」**、**比較なら「ヨリモ（～よりも）」の送り仮名を付けて**「(S)V二(O)於□《ニ・ヲ・ヨリ・ヨリモ》一」となります。

最後に、第2章第3節で**「於を使った受身の形」**があると言ったのを覚えていますか（☞185ページ）。今までの「於」がわかれば簡単です。「於」より上にVがあれば、「於」は読まない代わりに「於」の下の最後に読む漢字のところに「ニ・ヲ・ヨリ・ヨリモ」の送り仮名の「二」を付け、Vに返って読むところを**未然形**にして（☞185ページ）、**受身の送り仮名「ル・ラル」を付ければ**、**「～に～される」という受身**が完成です。文脈からここは受身だなと思ったらこの形です。

而

まず「而」は置き字とされますが、実際は**接続語の役割**を果たしています。そもそもこの漢字には読みと意味がきちんとあります。**順接（そして）**のときは**「しかシテ・しこうシテ」**、**逆接（しかし）**のときは**「しかルニ・しかレドモ・しかモ」**です。しかし、実際に読んでいないことがほとんどですよね。

例 君子之学《ハ》必《ズ》好《ム》レ問《フヲ》。問《フト》与レ学《ブ》、相輔《ケテ》**而**行《ク》者也。

これは**「而」が文中に置かれている**ときです。文中に「而」があるときは**直前の最後に読む漢字の送り仮名に注目**してみてください。例文では「而」の直前で最後に読む漢字「輔ク」の送り仮名に**「テ」**があります。これは「而」を順接（そして）の意味で取り、「しかシテ・しこうシテ」の読みをここでせずに「輔」に「テ」を付けて読んでいます。「立派な人の学問は、必ず問うことを好む。問うことと学ぶことと、これらを助けにして（そして）進めていくのだ」となり、文章がつながりましたね。

よって、文中に「而」があるとき、前後の文が**順接**の内容ならば、「而」の直前の最後に読む漢字の送り仮名に**「テ・シテ」**を付けて**「〜して〜」**、**逆接**の内容ならば**「ドモ・ニ」**を付けて読み、**「〜けれども〜・〜だが〜」**などと訳します（☞169ページ）。

以レ此観レ之、

「此《これ》を以《もっ》て之《これ》を観《み》れば、」と読み、**「このことからすると、以上のことから見れば、」**と、まとめのように訳します。

接続語

巻末資料にある接続語（☞328ページ）を、文章を読む際に意識して使いましょう。

問題 次の文章の傍線部の書き下し文と現代語訳を書きなさい（返り点と送り仮名を省略した箇所がある）。

君子ハ不レ奪ハ二人ノ所ヲレ好ム、己所レ不レ欲勿施於人。

豈有下仮二人物一而不レ帰レ之者上耶。

前半の「己所レ不レ欲勿施於人。」から見ていくと、**文構造**（☞158ページ）で「己」が[S]、「己の」で「自分が」と訳していればOK。その下の「所」は[V]から返って、**「〜連体形（スル）所」**と読みます。**「〜すること・もの」**などと訳しますが、ここはその下にいずれも[V]で読む字から返って読む「不」「欲」があるので、「不」から返って連体形（スル）で読み、「ざる所」、「不」は否定（☞197ページ）で直前は未然形なので「欲（ほっす）」は「ほっせ」、「己の欲せざる所は」（自分がしてほしくないことは・自分が望まないことは）。「勿」は否定（☞196ページ）で[V]から返って読むので、「施」から返り「施す・施すこと」。「於」は**頻出表現の「於」**（☞275ページ）。**「於」より上に**[V]の「施」があるので、**「於」はここでは読まないパターン**。「自分がしてほしくないことは人にもするな」という意味から「人」に**送り仮名「ニ」**を付けてから「施」に返れば、「人に施す（施すこと）勿し・勿かれ」「他人にしない・するな」となります。

後半「豈有下仮二人物一而不レ帰レ之者上耶」を見てみましょう。**「豈」は疑問の副詞**（☞215ページ参照）。「豈に」と読んで「どうして」。**文末**を見ると**疑問の終助詞**（☞216ページ）**「耶」**を発見。これだけでは疑問か反語かの判断ができないので、文脈を大切にしていきましょう（☞218ページ）。**「有」は頻出表現「有二〜者一」**

（☞273ページ）なので、「〜する者有り」「〜する者がいる」。「仮」が[V]、その下の「人」に「三」があるので、その下の「物」は[O]で「物を」、次に**「而」**は置き字ではなく、頻出表現で学んだ**接続語**（☞275〜276ページ）。「而」の続きを見てみます。「不」は[V]から返るので、「帰」が[V]、物を借りる話なので、「帰」は「帰す」。「不」の直前は未然形なので「帰さ」、「不」は下に「者」が続くので連体形（スル）で「ざる」。「帰」の下の「之」が省略語（☞247ページ）の[O]。ここは借りた物を指すので、「之を」。「之を帰さざる者有り」「これを返さない者がいる」となります。では接続語の「而」は順接逆接どっちでしょう。前後をつなげてみましょう。**「どうして人に物を借りる」「而」「その借りたものを返さない者がいる」**となり、「君子は人の好むものを奪わない。それは自分のしてほしくないことは人にもしないから。なので人に物を借りておいてそれを返さないことなど**あってよいわけがない**」という文脈なので、ここは逆接ではなく**順接**で**「テ・シテ」**を付け、そして**文末を反語で強調**すれば完成。

正解 己の欲せざる所は人に施す勿し（勿かれ）。豈に人に物を仮りて之を帰さざる者有らんや。／自分のしてほしくないことは人にもしない（するな）。どうして人に物を借りておいて（おきながら）その物を返さないことなどあろうか（あってはならない）。

第17節 故事成語

故事成語って勉強したほうがいいですか?

まずこれを見てください。

【文章Ⅰ】

猿飼いの親方が芧《とち》の実を分け与えるのに、「朝三つにして夕方四つにしよう、」といったところ、猿どもはみな怒った。「それでは朝四つにして夕方三つにしよう、」といったところ、猿どもはみな悦《よろこ》んだという。

(金谷治訳注『荘子』による)

問5　次に掲げるのは、授業の中で**【文章Ⅰ】**と**【文章Ⅱ】**(※ここでは【文章Ⅱ】は入れていません)について話し合った生徒の会話である。これを読んで、後の(ⅰ)~(ⅲ)(※ここでは(ⅱ)(ⅲ)は入れていません)の問いに答えよ。

生徒A　**【文章Ⅰ】**のエピソードは、有名な故事成語になっているね。
生徒B　それって何だったかな。［X］という意味になるんだっけ。
生徒C　そうそう。もう一つの**【文章Ⅱ】**では、猿飼いの親方は散々な目に遭っているね。

（ⅰ）［X］に入る有名な故事成語の意味として最も適当なものを、次の①～⑤のうちから一つ選べ。

① おおよそ同じだが細かな違いがあること
② 朝に命令を下し、その日の夕方になるとそれを改めること
③ 二つの物事が食い違って、話のつじつまが合わないこと
④ 朝に指摘された過ちを夕方には改めること
⑤ 内容を改めないで口先だけでごまかすこと

（試行調査）

どうですか？　過去のセンター試験でも**故事成語を知っておくことで解ける問題**は出題されています。私大や国公立大で漢文を使う人も、そして社会に出てからも故事成語とは無縁ではないから、学んで損はありませんよ。

故事成語　朝三暮四

朝三暮四《ちょうさんぼし》……**目先のことにとらわれて同じであることに気がつかないこと、もしくはごまかすこと。**

「宋の狙公が猿に餌をやる際、朝はとちの実を三つ、夜は四つにすると言ったところ、猿が激怒したため、

では朝は四つにしてあげるから、夜は三つでと言うと、猿は大喜びした」という内容。
よく考えると、結局数は変わらないですよね。狙公のごまかしにやられて猿は同じ結果であることに気づけなかったのです。そこから生まれた故事成語です。

正解・⑤

もう一つ挙げておきましょう。

豈荘子所謂以無用為用者比耶。

これは先ほどの頻出表現（☞270ページ）で扱いましたが、実はここも荘子という思想家のキーワードでもある**「無用の用」**を知っていると、読み方は「豈に荘子の所謂**無用を以て用と為す**者の比ひなるか」だとわかります。こうやって使える武器を増やすのです。

故事成語　無用之用

無用之用（**無用の用**）……**役に立たないものが実際の役に立つこと。**
「人間が『役に立たない』と判断すると見向きもせず大事にしないが、その『役に立たない』ものがあるからこそ、『役に立つ』ものが存在できることを忘れてはならないのだ」という内容です。

古典は役に立たないなど後回しにしていないでくださいね。現代文だけでは国語の点数がとれないことを忘れないように。

じゃあ思想史とか文学史も知っておくべきですか？

そうですね。**有名な思想家や詩人の特徴やキーワード**はおさえておくとよいでしょう。ほかの科目にもつながりますからね。

さて、故事成語に関する問題を解いてみましょう。

問題 **次の各問いに答えよ。**

問1　次の文章を読んで、「青取之於藍、而青於藍」に由来する成語として最も適当と思われるものを後の①～④のうちから一つ選べ。

君子曰《ク》、「学《ハ》不レ可《カラ》二以《テ》已《ム》一。青《ハ》取《リテ》二之《ヲ》於藍《ヨリ》一、而青《ク》二於藍《ヨリモ》一、氷《ハ》水為《シテ》レ之《ヲ》、而寒二於水《ヨリモ》一。」

（南山大）

①　青雲の志　②　青銭万選　③　出藍の誉　④　藍田に玉を生ず

問2　次のA～Eの内容に合う故事成語の意味を、後の①～⑤のうちから、またその故事成語をⅠ～Ⅴのうちから選べ。

A　車に書物を積んで牛に引かせると牛が汗びっしょりになっていた。

B　龍の喉元には逆になった鱗《うろこ》があって、それに触れると龍は激怒して人を殺す。

C　逃げ出してしまった羊を追いかけたが分かれ道が多すぎて探せなかった。

D　楚《そ》の項羽《こうう》が漢の劉邦《りゅうほう》の軍に包囲された際、劉邦の軍が楚国の歌を歌っており、こんなに楚人がいるのかと悲しんだ。

E　目の前のカマキリが自分の前足を挙げてこちらの馬車に立ち向かっていた。

①　弱者が自分の力をわきまえずに強者に挑む

②　周りがみな敵で、味方がいないこと

③　方法が多方面にわたっていて、選べず迷うこと

④　家の天井に届いてしまうほど、本が多いこと

⑤　目上の人にしかられてしまうこと

Ⅰ　触ル㆓逆鱗ニ㆒　Ⅱ　四面楚歌　Ⅲ　蟷螂之斧　Ⅳ　汗牛充棟　Ⅴ　多岐亡羊

問1は、「青取之於藍、而青於藍」の意味を考えます。

故事成語　青取之於藍、而青於藍

青取之於藍、而青於藍。（**青は之を藍より取りて、藍よりも青し。**）……**弟子が先生（師）を越えること。**

戦国時代の有名な思想家、荀子《じゅんし》の言葉。

「青はもともとの藍よりも青いように、また氷がもともとの水よりも冷たいように、学問も止《とど》まることはないし、止めてもいけない。続けていれば師（先生）よりもまさる弟子も出てくる」ということ（＝「**出**《しゅつ》**藍**《らん》**の誉**《ほまれ》」ともいう）。

よって、**正解は**③。また、ここには頻出表現の「**於**」と「**而**」がありますね。意識できましたか（☞275〜276ページ）。

次に、**問2**の故事成語をおさえておきます。「**触ル二逆鱗ニ一**」（**逆鱗**《げきりん》**に触**《ふ》**る**）は、龍が喉元にある逆になった鱗に触れられると激怒したということから、［目上の人にしかられる］という意味です。「**四面楚歌**《しめんそか》」は、漢軍に包囲された項羽が四方面から楚国の歌が聞こえたことで、楚人が漢に降伏したのだと悲しんだという話が由来。［周りに味方がいない］ということ。「**蟷螂之斧**」（**蟷螂**《とうろう》**の斧**《おの》）は、馬車に立ち向かって前足を挙げるカマキリの姿から、［弱い者がかないもしない強い者に向かう］ことを意味します。「**汗牛充棟**《かんぎゅうじゅうとう》」は、牛が引けば汗をかく、積めば家の棟の高さになるほど［書物が多い］ということです。「**多岐亡羊**《たきぼうよう》」は、分かれ道が多すぎて逃げた羊を探せなかったということから、［方法や学問の道が多すぎて選べない］ということを意味します。

正解

問1　③

問2　A　④・Ⅳ　B　⑤・Ⅰ　C　③・Ⅴ　D　②・Ⅱ　E　①・Ⅲ

わからなかった漢字や故事成語などはそのままにせず、辞書で調べるクセをつけよう！

第18節 実戦問題

今まで学んだことを活《い》かして、実戦問題にチャレンジしてみよう！

問題 **次の【文章Ⅰ】と【文章Ⅱ】は、漢の武帝《ぶてい》が即位したときに行った策問に関する話と、その策問に答えた董仲舒《とうちゅうじょ》の回答文である。【文章Ⅰ】と【文章Ⅱ】を読んで、後の問い（問1〜6）に答えよ。なお、返り点・送り仮名を省いたところがある。**

【文章Ⅰ】

ひろく人材を天下に求めたいという武帝の志は、やはりその即位の当初から、顕著である。建元元年といえば、即位のすぐあくる年であるが、その年のはじめには、最高行政機関である丞相、最高検察機関であり副首相でもある御史、また列侯、各機関の長である中二千石と二千石、また各地方に分封した王の補佐役である諸侯の相にむかって、「賢良方正にして直言極諫の士」を推挙せよという詔勅が下っている。こうした方法で人材を求めることは、祖父文帝の代からときどき行われているが、十七歳の天子はさっそくやり出したのである。

（吉川幸次郎『漢の武帝』による）

【文章Ⅱ】

又曰《ハク》、「人君者正《シクシテ》レ心《ヲ》以《テ》正《シクス》二朝廷《ヲ》一。正《シクシテ》二朝廷《ヲ》一以《テ》正《シクス》二百官《ヲ》一。正《シクシテ》二百官《ヲ》一以《テ》正《シクス》二万民《ヲ》一。正《シクシテ》二万民《ヲ》一以《テ》正《シクス》二四方《ヲ》一。①四方正遠近莫不一於正。而《シテ》無《シ》三邪気奸《ア》二其間《ニ》一。(1)是以陰陽調《ととのヒ》、風雨時《アリ》。群生和《シ》、万民殖《ス》。②諸福之物、可《レ》致之祥、莫《レ》不《二》畢至《一》。而《シテ》王道終《フ》矣。陛下行高《クシテ》而恩厚《ク》、知明《ラカニシテ》而意美《ナリ》。愛《シテ》レ民《ヲ》而好《ム》レ士《ヲ》。(2)然而教化不《レ》立《タ》。万民不《ルハ》レ正《シカラ》、③譬《フ》二琴瑟不《ルニ》レ調《ハ》一。甚《シキ》者《ハ》必《ズ》解《キテ》而更《あらたメテ》‐張《レバ》二之《ヲ》一、乃《チ》可《キ》レ鼓《ス》也。為《シテ》レ政《ヲ》而不《レ》行《ハレ》。甚《シキ》者《ハ》必《ズ》変《ジテ》而更《メ》‐化《スレバ》二之《ヲ》一、乃《チ》可《キ》レ理《イ》也。漢得《テ》二天下《ヲ》一以来、常《ニ》欲《ス》レ治《マラント》。而《ルニ》至《ルマデニ》レ今不《ル》レ可《カラ》二善《ク》治《ム》一者《ハ》、当《ニ》《クシテ》二更《メ》化《ス》一而不《レバ》二更《メ》化《セ》一也《ト》。」

（『十八史略』による）

※漢の武帝……漢の第七代皇帝。
策問……「策」は竹の札。官吏登用試験に題をつけて受験生に問うもの。
董仲舒……漢代の学者。
辺彊《へんきょう》……辺境に同じ。
百官……多くの役人。
四方……ここでは漢の周辺の蛮族を指す。
終……成就する。
陛下……漢の武帝のこと。
更張……弦を張り替えること。

問1　傍線部ア「奸」イ「理」の意味として最も適当なものを、次の各群の①～⑤のうちから、それぞれ一つずつ選べ。

ア「奸」
①　へつらう
②　みだす
③　はらう
④　いつわる
⑤　もとめる

イ「理」
①　理世
②　審理
③　理解
④　公理
⑤　道理

問2 波線部1「是以」・2「然而」の読み方として最も適当なものを、次の各群の①～⑤のうちから、それぞれ一つずつ選べ。

1 「是以」

① このゆえに
② これをもって
③ これがもって
④ ここをもって
⑤ これをもちひて

2 「然而」

① しかるにすなはち
② しからばすなはち
③ しかりしこうして
④ しかしてすなはち
⑤ しかるのちに

問3 傍線部①「四方正遠近莫不一於正」の返り点の付け方と書き下し文の組合せとして最も適当なものを、次の①～⑤のうちから一つ選べ。

① 四方正遠近莫レ不二一於正一　四方正しくして遠近一を正しくせざるは莫し
② 四方正遠近莫レ不レ一レ於レ正　四方正に遠近正に於て一ならざること莫し
③ 四方正遠近莫レ不レ一二於正一　四方正に遠近正に一ならざるは莫し
④ 四方正遠近莫レ不レ一於レ正　四方正に遠近一ならざる莫く正に於てす
⑤ 四方正遠近莫レ不レ一二於正一　四方正しくして遠近正に一ならざるは莫し

問4　傍線部②「諸福之物、可レ致之祥、莫レ不二畢至一」の解釈として最も適当なものを、次の①～⑤のうちから一つ選べ。

① もろもろの幸せな物を招きよせる瑞祥でも、すべて集まるわけではない。
② もろもろの幸せな物を招きよせる瑞祥が、すべて集まってくる。
③ もろもろの幸せな物を招きよせる瑞祥があれば、終わりがない。
④ もろもろの幸せな物を招きよせる瑞祥でも、終わりがないことはない。
⑤ もろもろの幸せな物を招きよせる瑞祥が、集まらないだろうか。

問5　傍線部③「譬二琴瑟不レ調」の内容として最も適当なものを、次の①～⑤のうちから一つ選べ。

① 琴瑟がひどく調わない場合、必ず弦を解いて張り直すことで調うが、政治をしても万民が正しくない場合、やり方を変えて行っても治められるとは限らないということ。
② 琴瑟がひどく調わない場合、弦を解いて張り直すとかえって調わないように、政治をしても万民が正しくない場合、むやみにやり方を変えないことで自然に治まるということ。
③ 琴瑟がひどく調わない場合、必ず弦を解いて張り直すことで調うように、政治をしても万民が正しくない場合、必ず今までのやり方を変えて行うことで治められるということ。
④ 琴瑟がひどく調わない場合、必ず弦を解いて張り直すことで調うが、政治をしても万民が正しくない場合、必ず君主の心から変えていくことによって治まるということ。

⑤　琴瑟がひどく調わない場合、必ず弦を解いて張り直すことで調うように、政治をしても万民が正しくない場合、必ず君主を変えて行うことで治められるということ。

問6　次に掲げるのは、授業の中で【文章Ⅰ】と【文章Ⅱ】について話し合った生徒の会話である。これを読んで、後の（ⅰ）・（ⅱ）の問いに答えよ。

生徒A　【文章Ⅰ】にあるように、若い武帝は人材獲得のために、みずから出題して登庸試験を行って、優れた人物を集めたんだよね。
生徒B　うん、そういう「優れた人物がたくさんいること」って、故事成語では［X］だったっけ。
生徒A　そうだね。【文章Ⅰ】から、武帝はやがて試験をしたことで、知遇を得たのが儒学者として有名な董仲舒だったんだよね。
生徒B　そうそう。試験は三題あったそうだけど、【文章Ⅱ】がその中の一つの回答なんだよね。
生徒A　【文章Ⅱ】で董仲舒は漢が統一してからの欠点と対策を具体的に主張しているね。
生徒B　【文章Ⅱ】の最後で董仲舒は、漢は結局［Y］と言っているよね。
生徒A　うん、それを董仲舒はよりわかりやすく比喩を使って、理想社会を説明しているわけだよね。

（ⅰ）［X］に入る有名な故事成語として最も適当なものを、次の①～⑤のうちから一つ選べ。

①　多々益弁

② 以多問於寡
③ 切磋琢磨
④ 多士済済
⑤ 多事多難

(ii) Y に入る最も適当なものを、次の①〜⑤のうちから一つ選べ。

① むやみに変えてはいけない政治のやり方を無理に変えたことが、治世にならない原因である
② 無駄なものを省いて本来のあるべき姿に戻していないことが、治世にならない原因である
③ どんなに陛下が立派でも、適材適所な人物を登用しないことが、治世にならない原因である
④ 今こそ為政者を変える時なのに一人の権力のままにいることが、治世にならない原因である
⑤ 政治のやり方を変えるべき時なのにそれをしなかったことが、治世にならない原因である

よし！　では解説していこう。

まずは本文の前に、**しっかり説明されているものは読みましょう**。授業と違って入試は時間との勝負。となると、一見カッコイイ読み方は飛ばし読みというもの。でも、それはここまで勉強を積んできた人がやる技ではありません。そんな癖をつけてしまうと、これからの人生にも中途半端さが反映されてしまいます。きちんと正確にやるべきことを積み重ねると、**本当の速読力と正答率**が上がります。**今は絶対に楽をしないこと**。

結局何が言いたいのかというと、本文の前に**リード文**がありますよね。ちゃんと目を通しましたか？

> 次の**【文章Ⅰ】**と**【文章Ⅱ】**は、漢の武帝が即位したときに行った策問に関する話と、その策問に答えた董仲舒の回答文である。

そしてその中にある「策問」の**注釈**にも目を通してくれましたか？

> 策問……「策」は竹の札。官吏登用試験に題をつけて受験生に問うもの。

これによって、これから自分が解く問題は、「漢の武帝が即位してから広く優秀な人材を求めて行った試験に対して、董仲舒が答えた内容である」ということを理解でき、**文章は読みやすくなるし、そして設問も解きやすくなります。**昔の中国語で書かれた文章を読むのですから、**書いてある情報は邪魔と思わずとことん利用すること！****【文章Ⅱ】**を見ていきましょう。

「又」から始まった文章。もちろんこの「又」の下に「曰」（言う）の[V]があるということは、ここでは[S]**が省略**されていますね。ということは、消えた言葉はどうしますか（☞247ページ）？　そう、**消えた言葉は直前か**らでしたね。そこで先程のリード文をしっかり読んでいた人はすぐに**「董仲舒」**の名が浮かぶ、こういうことが大切なのです。そして「又」はどう訳しましたか（☞329ページ）。そう、**「さらに」**ですね。董仲舒が試験で答えた内容はほかにもあることが「又」（さらに）でわかりますね。これで**「董仲舒はさらに答えて言った」**と読めます。では回答した内容を読解してみましょう。

「人君」の次の「者」は、単純に「しゃ・もの」で人物と決めつけないこと。**「者」**には**「もの・こと・～は」がある**ことを大切に（☞273ページ参照）。ここでは**「は」**と読んでいるので「人君（君主）は」などと訳せばよいです。次に**「以」**は返り点の付いた「～を以て」（☞273ページ参照）とは異なり、「正心」（心を正しくする）と「正朝廷」を繋ぐ**接続語の役割を果たしている「而」**（☞275～276ページ）と同じ。このあとの「以」も同じです。「四方の蛮族までも治めるためには、何よりまず自分の心を正しくして側近、臣下や国民にまで広めていくことがまず先である」と述べています。その中で傍線部が登場してきます。

問3は、**返り点&書き下し文**の設問です。

では、まずは解答の根拠を探すために第1章で学んだ文構造と返り点の付け方、送り仮名、そして第2章の句形のポイントがないかチェックしていこう。

ポイント① **「莫」「不」**が見えたか？

「莫」も「不」も**否定**を表す漢字。その「莫」と「不」の否定語が二つ重なっているのは大切な**二重否定**でしたね（今回見えなかった人は199～200ページに戻ろう）。

莫《なシ》レ不《ざル(ハ)》二レ V 一。（V：連体形・未然形）

読み方 ～ 未然形 ざる（は）莫し。 訳し方 ～しないことはない。→必ず～する。

ポイント②

「於」が見えたか?

「於」は、第3章第16節で学んだとおり（☞275ページ）。「莫不一於正」の中で**Vが「於」より上にあるのか、下にあるのか**を確認します。

この二つのポイントを使って正解を選べましたか?

このポイントに関係するVがどれだかわからないです……。

もしかしたら「一」なのか「正」なのかで悩む人もいるかもしれません。でもそんなときは第1章で学んだ**文構造**を思い出そう。漢文の基本構造は「S＋V＋O」だったので、上から順番に見て**最初に見つけたVで読める漢字をV**にしてください。ここでは「一」（一つである）がVです。さあ、この二つのポイントで読めば、「遠近正に一ならざるは莫し」。（四方を正しくして上から下まで正しく一つにならないものはない（すべて一つになる）。）

選択肢を見てみましょう。

① 四方正遠近莫レ不二一於正一　四方正しくして遠近一を正しくせざるは莫し

不正解です。「二」を「一を」と〇で読んでいますが、では〇の上に来るVとして読んでいる「正」が〇より下に置かれているのはおかしいです。

② 四方正遠近莫レ不レ一レ於レ正　四方正に遠近正に於て一ならざること莫し

不正解です。「於」の用法が違います。

③ 四方正遠近莫レ不レ一二於正一　四方正に遠近正に一ならざるは莫し

不正解です。「正」を副詞で読んでいますが、「ちょうど」では直前の内容とうまく合いません。

④ 四方正遠近莫レ不レ一於レ正　四方正に遠近一ならざる莫く正に於てす

不正解です。「正」と「於」が違います。

⑤ 四方正遠近莫レ不レ一二於正一　四方正しくして遠近正に一ならざるは莫し

というわけで、**この⑤が正解**です。

次の文章に進むと、設問が続きます。**問1ア**は、傍線部の意味を問う設問です。

この漢字を知っていますか？「奸」は「〇〇」と読んで「〇〇」と訳します、なんて簡単に言えない漢字でしょう。こういう場合どうしたらよいか。第3章第13節（☞251ページ）で学んだように、一字で悩まず**一文の流れを確認する**ようにしよう。

而 無三 邪 気 奸二 其 間一。

読み方 而して邪気其の間に奸す無し。

訳し方 そして邪気が其の間に奸することもない。

一文を確認すると、この「奸」の意味を助ける手がかりになるポイントが見えてきました。

ポイント③ 接続語**「而」**が見えたか？

第3章第16節で学んだ「而」があるので、**この接続語「而」を利用して直前の内容をつなげながら読め**ば、「奸」の意味も見えてくるでしょう。

ポイント④ **「其」**が見えたか？

「其」を「その」で終わりにしていてはダメです（☞248ページ）。「其」は**直前の内容を指しているので、直前の内容をつなげて読む**ことで、「奸」の意味が見えてくるでしょう。では、直前の内容を確認しましょう。

ポイント⑤ **文構造**が見えたか？

「無」の下の「邪気奸其間」の文構造を確認してみると、「邪気」は[S]、「其間」が[O]なので**「奸」は[V]**です。この流れに合う意味を踏まえることで、より確信を持って解答へと導けるでしょう。

これらのポイントを使えば**「国内外が正しくなって一つになれば、邪気がその中に「奸」することはない」**となります。この流れに合う選択肢を見てみよう。

① 国内外が正しくなって一つになれば、邪気がその中に**へつらう**ことは無い。
② 国内外が正しくなって一つになれば、邪気がその中に**みだす**ことは無い。
③ 国内外が正しくなって一つになれば、邪気がその中に**はらう**ことは無い。
④ 国内外が正しくなって一つになれば、邪気がその中に**いつわる**ことは無い。
⑤ 国内外が正しくなって一つになれば、邪気がその中に**もとめる**ことは無い。

一つになれば安定になるので、そうすればどんな邪気も入れないわけで、**正解は②**しかありません。

そして、続いて設問があります。**問2**の**1**は波線部の読み方の問題です。

「是以」（☞312ページ）は、「以是」と混同しやすいです。よって②「これをもって」がひっかけ。**④が正解**。

間違えてしまった人は巻末一覧を確認しましょう。

「こういうわけで」と訳す「是以」は、今まで述べたことのまとめをする役割です。これまで邪気も入れないほど一つに治まるよい内容だったので、ここから先のまとめもよい内容であることを意識できます。

問4は傍線部の解釈の問題です。

では、まずは何かポイントがないか探してみると、ここの決め手はこれしかないでしょう。

ポイント⑥ **「畢」**が見えたか？

[V]「至」の上にある「畢」は[V]ではなく、**副詞**です。よって「畢」は「おわる」ではなく、**「ことごとく」**と読むことで、選択肢を絞ることができます。

ポイント① **「莫」「不」**が見えたか？

問3でも登場した**二重否定**が見つけられれば、**「〜しないことはない（必ず〜する）」**と訳せるはず。さらに、これまでの文脈がよい内容であったので、ここもよい内容を強調した文章になるはずですね。では選択肢を見てみましょう。

①もろもろの幸せな物を招きよせる瑞祥**でも、すべて集まるわけではない。**
②もろもろの幸せな物を招きよせる瑞祥が、**すべて集まってくる。**
③もろもろの幸せな物を招きよせる瑞祥**があれば、終わりがない。**
④もろもろの幸せな物を招きよせる瑞祥**でも、終わりがないことはない。**
⑤もろもろの幸せな物を招きよせる瑞祥が、**集まらないだろうか。**

ポイント⑥を使って、「終わり」と訳している③④、「畢」を訳していない⑤が消えます。次にポイント①を使って、「莫不」の二重否定なのに「〜ではない」と訳している①が消えます。**正解は②**。本文に戻ります。

「而」はさっき登場した**接続語**なので、順接で上の内容とつなげて「このようにして王道は」、注釈を使って「成就（完成）する」。陛下は「行」「高」とありますが、意味は大丈夫ですか？　困ったときは、一字で悩まず**一文の流れを確認する**ようにすることです。すぐ下に、置き字ではなく接続語の「而」が出てきたので、つなげて読み、その下に「思」「厚」とあります。「思」は「思い、考え、思慮」、「厚」は「厚い、深い」なので、陛下の思慮深さを述べているよい内容です。「行」「高」も同じように考えて「行いがすばらしく」と取れればよいですね。「陛下は行いが素晴らしく、思慮深く」。そして次に、同じような文章構造「知明而意美」が来ました。「知明」は「聡明で」くらいで、「意」は心を指すので「心が美しい」くらいでよいでしょう。ここで設問です。

問2の**2**は傍線部の読み方の問題です。

接続語の**「然而」**（☞328ページ）です。文頭にある逆接の「然」（しかるに・しかれども）の読みや、「然則」

と混同したりして①②と間違えてしまいやすいです。**正解は③**。読み続けます。

「教化ができていません」と武帝の時点における欠点を述べています。「万民が正しくないのは」と今の問題点を述べながら設問です。

問5は傍線部の内容の説明に関する問題です。

内容を説明するうえで大切なことは、**一文の内容をしっかりとつかむこと**です。一文は「万民不レ正、譬二琴瑟不一レ調。」です。「万民が正しくないのは、琴瑟が調わないのに譬えられる」ことを述べています。漢文の大好きな、第3章「喩《たと》え話」で学んだ**比喩《ひゆ》表現**です（☞255ページ）。**万民が正しくならない理由を、当時よく楽器として身近にあった琴瑟で、その琴瑟の調和を例にして当事者にわかりやすく説明していこうとしている**のです。なので、ここはその具体的な説明をしているのは直後なので、**直後の内容を読んでみましょう**。

「甚者」の「甚」は［程度がはなはだしい］という意味ですが、その後に「必解而更二張之一」［必ず弦を解いてもう一度張り直す］とあることから、悪い意味で［ひどい場合は］くらいの意味でよいです。ここで登場するのが**「乃」**。**接続語「すなはち」**、意味は［やがて・そこで・ようやく・なんと］です（☞328ページ）。ここは［そこで］の意味でよいです。「可レ鼓也」は［弾くことができるのである］。これで**琴瑟が調和がとれないときは、弦を張り直すことで調うとなり、これが万民が正しくないときの対処法と同じである**ことをその下で述べているのです。見てみましょう。

「為レ政而不レ行。甚者必変而更二化之一。」「それと同じように政治をしていてうまくいかない。ひどい場合は必ず今までのやり方を変えて行う。」とあります。簡単にいえば、**政治もうまくいかないときは、これまで**

第4章 実戦問題

のやり方を改めることによってうまくいくというのです。ではこれと同じ説明ができているものを、選択肢から探してみましょう。

①　琴瑟がひどく調わない場合、必ず弦を解いて張り直すことで調う**が**、政治をしても万民が正しくない場合、**やり方を変えて行っても治められるとは限らない**ということ。

不正解。琴瑟と政治の話がイコールでないうえに政治の説明が異なっています。

②　琴瑟がひどく調わない場合、**弦を解いて張り直すとかえって調わない**ように、政治をしても万民が正しくない場合、**むやみにやり方を変えないことで自然に治まる**ということ。

不正解。琴瑟の比喩も、政治の内容も異なっています。

③　琴瑟がひどく調わない場合、必ず弦を解いて張り直すことで調うように、政治をしても万民が正しくない場合、必ず今までのやり方を変えて行うことで治められるということ。

正解です。

④　琴瑟がひどく調わない場合、必ず弦を解いて張り直すことで調う**が**、政治をしても万民が正しくない場合、**必ず君主の心から変えていくことによって治まる**ということ。

不正解。①同様、琴瑟と政治の話がイコールでないうえに政治の説明が異なっています。

⑤　琴瑟がひどく調わない場合、必ず弦を解いて張り直すことで調うように、政治をしても万民が正しくない場合、**必ず君主を変えて行うことで治められる**ということ。

不正解。政治の説明が異なっています。
そして、この流れでもう一つ設問があります。

問1の傍線部**イ**の意味の問題です。
「理」は重要語（☞325ページ）。頻出《ひんしゅつ》なのは名詞で［道理］の意味。でも、直前にある「可」はⓋより上にあると「べし」になる（☞274ページ）ので、この**「理」はⓋ**ということになります。⑤の「道理」がひっかけ。Ⓥの場合は**「おさむ」**と読んで**［治める］**と訳します。①「理世」に返り点を付けてみます。「理レ世」で「世を理む」（世の中を治める）となり、本文の意味とも合います。よって**①が正解**。では最後の文章を読み終えたら問6にいきましょう。

問6（ⅰ）は、**故事成語**を問う問題です。
もちろん、「多士済済」の故事成語を知っていれば即答ですが、わからなくてもヒントがあったはず。**【文章Ⅰ】**にあったように、武帝は広く人材を諸侯たちに求めていたことから、それに合う選択肢を探してみましょう。

①　多ければ多いほどよいこと

不正解。これは『漢書』に出てくる「多々益弁」（たたますますべんず）の意味です。

② 学識ある者が少ない者に学ぶこと

不正解。これは『論語』に出てくる「以レ多問二於寡一」（おおきをもってすくなきにとふ）の意味です。

③ 学問などに励むこと。

不正解。これは『詩経』や『論語』に出てくる「切磋琢磨」（せっさたくま）です。

④ 優れた人物がたくさんいること

これが**正解**。「多士済済」（たしさいさい）は『詩経』から出てきた言葉です。

⑤ やることが増えれば心配も増えること

不正解。これは『孔子家語』に出てくる「多事多難」（たじたなん）の意味です。

(ii) は本文の説明問題です。

最後の「漢得二天下一以来、常欲レ治。而至レ今不レ可二善治一者、当更化而不二更化一也」が読解できましたか。［漢は天下を得てからというもの、常に国が治まることを望んできた。しかし今になってきちんと世が治まらないのは、当然変えるべきものがありながらそれを変えずにいるからなのである］という意味です。

これと同じ説明をしている選択肢を探します。

① **むやみに変えてはいけない政治のやり方を無理に変えたこと**が、治世にならない原因である

② **無駄なものを省いて本来のあるべき姿に戻していないこと**が、治世にならない原因である

③ **どんなに陛下が立派でも、適材適所な人物を登用しないこと**が、治世にならない原因である

④ **今こそ為政者を変える時なのに一人の権力のままにいること**が、治世にならない原因である

⑤ **政治のやり方を変えるべき時なのにそれをしなかったこと**が、治世にならない原因である

正解は⑤しかありません。

このように、フィーリングではなく、学んだことがどれだけ活《い》かせるかを知ることが重要です。そのために自分が弱い所、忘れ始めている所、そのような所を早く見つけて改善することです。『論語』に「過而不改、是謂過矣」（過《あやま》ちて改《あらた》めざる、是《これ》を過ちと謂《い》ふ）とあります。間違えることが過ちなのではなく、**間違えたのにそれを改めない態度こそが過ちなのです**。後悔しないように、「やっておいてよかった！」と言えるような強い自分になっていってください。

正解

問1 ア ② イ ① 問2 1 ④ 2 ③ 問3 ⑤ 問4 ②

問5 ③ 問6 (i) ④ (ii) ⑤

書き下し文

又曰わく、「人君は心を正しくして以て朝廷を正しくす。朝廷を正しくして以て百官を正しくす。百官を正しくして以て万民を正しくす。万民を正しくして以て四方を正しくす。四方正しくして遠近正に一ならざるは莫し。而して邪気其の間に奸す無し。是を以て陰陽調ひ、風雨時あり。群生和し、万民殖す。諸福の物、致すべきの祥、畢く至らざるは莫し。而して王道終ふ。陛下行高くして恩厚く、知明らかにして意美なり。民を愛して士を好む。然り而して教化立たず。万民正しからざるは、琴瑟調はざるに譬ふ。甚しき者は必ず解きて之を更め張れば、乃ち鼓すべきなり。政を為して行はれず。甚しき者は必ず変じて之を更め化すれば、乃ち理むべきなり。漢天下を得て以来、常に治まらんと欲す。而るに今に至るまで善く治むべからざる者は、当に更め化すべくして更め化せざればなり」と。

訳

さらに言った、「人君が心を正しくして朝廷を正しくすることができる。朝廷を正しくして百官を正しくすることができる。百官を正しくして万民を正しくすることができる。万民を正しくして四方《よも》の蛮族《ばんぞく》を正しくすることができる。四方を正しくして上から下まで正しく一つにならないものはない。そして邪気がその間に犯し乱すこともない。こういうわけで陰陽が調和し、風雨が時に適う。万物が安定し、万民は増える。もろもろの幸せがきて、よい物を招き、すべてやってくる。そして王道は成就する。陛下は徳行が優れていて手厚い恩恵を施し、聡明であり思慮もすばらしい。民を愛して士を好む。しかしながら教化が樹立していない。万民が正しくないのは、琴瑟《きんしつ》が調わないことに譬《たと》えてみる。ひどい場合は必ず弦を解いてもう一度張り直す。そこで弾くことができるのである。それと同じように政治をしていてうまくいかない。ひどい場合は必ず今までのやり方を変えて行う。そこで治めることができるのである。漢は天下を得てからというもの、常に国が治まることを望んできた。しかし今になってきちんと世が治まらないのは、当然変えるべきものがありながらそれを変えずにいるからなのである」。

巻末資料

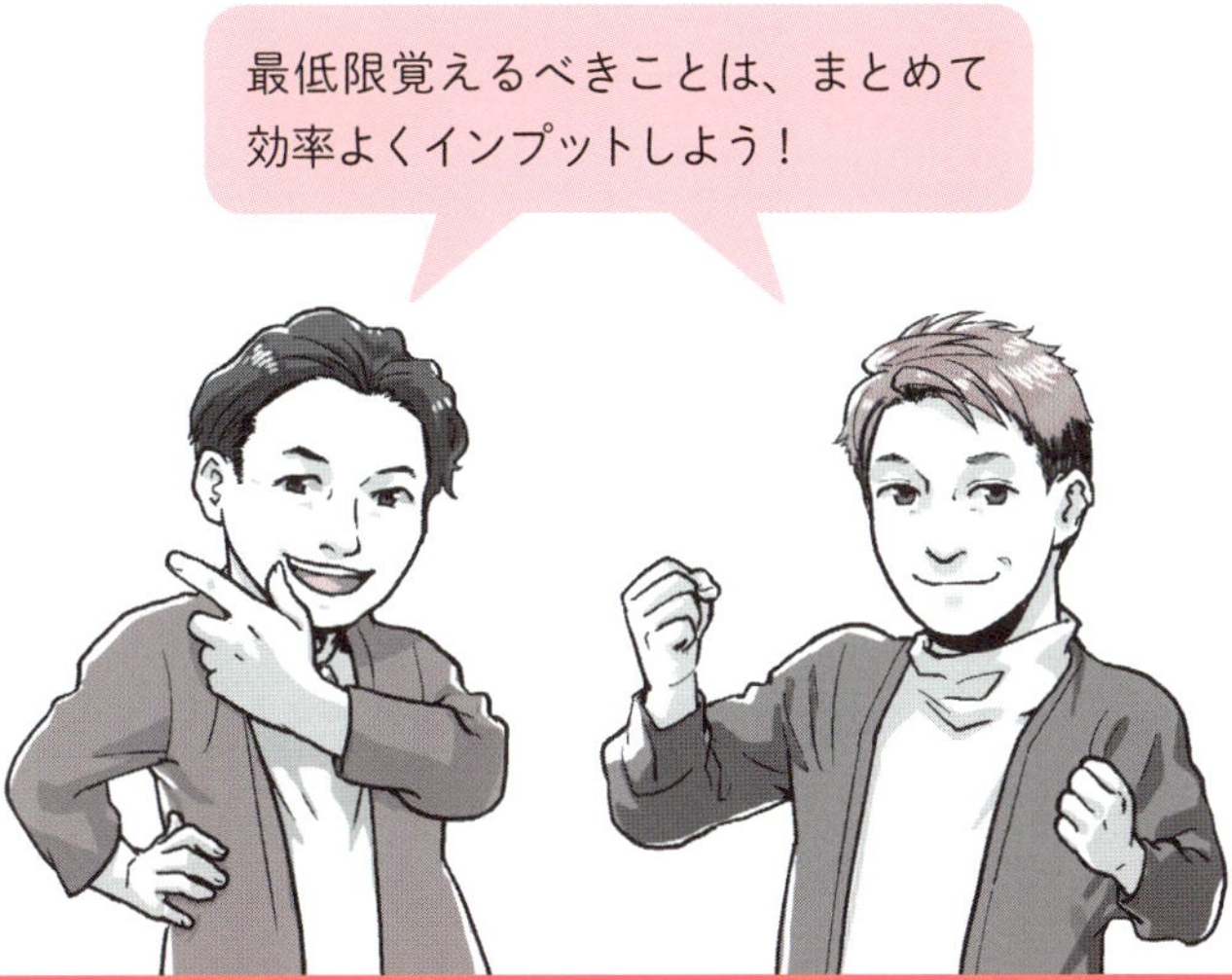

最低限覚えるべきことは、まとめて効率よくインプットしよう！

最重要古文単語

1 形容詞

単語	意味
あさまし	驚きあきれる感じだ、驚くほど~だ。
あたらし	①惜しい、もったいない。②立派だ。
あやし	①不思議だ。②身分が低い。③粗末だ。④怪しい。
有り難し	①めったにない。②めったにないほどすばらしい。
いとほし	①気の毒だ。②いとしい。
いはけなし ＝いとけなし	幼い、あどけない。
いぶせし	気が晴れない、うっとうしい。
いみじ	程度がはなはだしい。
うしろめたし	気がかりだ、不安だ。

単語	意味
うつくし	①かわいい、いとしい。②美しい、立派だ。
うるはし	①端正だ。②立派だ。③親しい。
おとなし	①年配だ。②思慮分別がある。③大人っぽい。
おどろおどろし	①おおげさだ、仰々しい。②騒々しい。
おぼつかなし	①気がかりだ、不安だ。②待ち遠しい、じれったい。③はっきり見えない。
かしこし	①恐れ多い。②立派だ。③並々でない。

かたはらいたし	①見苦しい。②きまりが悪い。③気の毒だ。
かなし	①いとしい、かわいい。②つらい、悲しい。
口惜し	残念だ、期待外れでがっかりだ。
心にくし	奥ゆかしい、心ひかれる、立派だ。
心もとなし	①待ち遠しい、じれったい。②気がかりだ、不安だ。③はっきり見えない。
さうざうし	物足りない、退屈だ、心さびしい。
すさまじ	①興ざめだ。②趣がない。
つれなし	①冷淡だ、薄情だ。②平然としている。
所せし	①いっぱいだ。②窮屈だ。③わずらわしい。④堂々としている。
なつかし	心惹かれる、慕わしい。
なまめかし	①若々しい。②優美だ、上品だ。
はかなし	①あてにならない。②つまらない。③ちょっとした。

はしたなし	①中途半端だ。②きまりが悪い。③みっともない。
はづかし	①きまりが悪い。②こちらが恥ずかしいほど立派だ。
便無し	①都合が悪い、具合が悪い。②気の毒だ。
むつかし	①不快だ、わずらわしい。②気味が悪い。
めざまし	気に入らない、めざわりだ。
めづらし	①すばらしい。②めったにない、珍しい。
めでたし	すばらしい。
やさし	①つらい。②優美だ、上品だ。③殊勝だ。
やむごとなし	①高貴だ、立派だ。②格別だ。
ゆかし	心ひかれる感じだ、見たい、聞きたい、知りたい。
ゆゆし	①おそれ多い。②不吉だ。③立派だ。④非常に。

単語	意味
らうたし	かわいい、いとしい。
わびし	①つらい、つまらない。②貧しい。
わりなし	①無理矢理だ。②めちゃくちゃだ。③つらい。④どうしようもなく。
をかし	①趣深い。②愛らしい、すばらしい。③滑稽だ。

2 形容動詞

単語	意味
あからさまなり	ついちょっとだ、かりそめだ。
あだなり	①不誠実だ。②無駄だ、はかない。
あてなり	①優美だ、上品だ。②高貴だ、身分の高い。
あながちなり	①強引だ。②はなはだしい。
あはれなり	①しみじみと趣深い。②しみじみ感動的だ。③愛情深い。④しみじみと悲しい。

単語	意味
優なり	①優美だ、上品だ。②優れている、立派だ。
いたづらなり	①無駄だ、つまらない。②暇だ、退屈だ。
艶なり	①優美だ、上品だ。②魅力的だ。
おぼろけなり	①並一通りだ。②並々でない。
おろかなり	おろそかだ、いいかげんだ。
清らなり	美しい、綺麗だ。

ことわりなり	もっともだ、当然だ、言うまでもない。
すずろなり	①何ということもない。②思いがけない。③むやみやたらだ。
せちなり	①切実だ。②大切だ。
つれづれなり	①所在ない、退屈だ。②心寂しい。

なかなかなり	中途半端だ。
ねんごろなり	親密だ、念入りだ、熱心だ。
不便なり	都合が悪い、具合が悪い。
まめなり	①誠実だ、真面目だ。②実用的だ。
むげなり	①ひどい、最低だ。②はなはだしい。
をこなり	おろかだ、ばかばかしい。

赤シートを使って、単語の意味を覚える練習をしよう！

3 動詞

単語	活用の種類	意味
ありく	カ四	歩き回る、〜て回る。
あるじす	サ変	もてなす、ごちそうする。
失《う》す	サ下二	なくなる、死ぬ。
うちとく	カ下二	①溶ける。②うち解ける。③油断する。
おくる	ラ下二	①遅れる。②先立たれる。
おこす	サ下二	送ってよこす。
おこたる	ラ四	①怠ける。②(病気が)快方へ向かう。③あやまちを犯す。
おどろく	カ四	①目を覚ます。②驚く。
かきくらす	サ四	①空を暗くする。②悲しみにくれる。
かこつ	タ四	①不平を言う。②口実にする。
かしづく	カ四	大切に養育する。
かづく	カ四	①もらう。②かぶる。③潜る。
	カ下二	①与える。②かぶせる。
離る	ラ下二	途絶える、なくなる。
具す	サ変	①連れて行く、連れ立つ。②夫婦となる。
困ず	サ変	①困る。②疲れる。

ことわる	ラ四	①説明する。②判断する。③明らかにする。
たのむ	マ四	あてにする、期待する。
	マ下二	あてにさせる、期待させる。
ためらふ	ハ四	①躊躇する。②心を落ち着かせる。③病勢が弱まる。
つつむ	マ四	①包む、隠す。②遠慮する。
時めく	カ四	①時流に乗って栄える。②寵愛を受ける。
ながむ	マ下二	①眺める。②物思いにふける。③詩歌を口ずさむ。
なやむ	マ四	①苦悩する。②病気になる。
ならふ	ハ四	①学習する。②慣れる。
念ず	サ変	①念じる。②我慢する。
ののしる	ラ四	①大騒ぎをする。②評判になる。
まもる	ラ四	①見つめる、見続ける。
もてなす	サ四	①扱う。②振る舞う。
やつす	サ四	①目立たなくする。②出家する。

4 名詞

単語	意味
暁《あかつき》	夜明け前のまだ暗い時分。
遊び	詩歌管弦の宴。
急ぎ	準備。
一の人	臣下の中の最高権力者。
色好み	恋愛や風流を深く解する人。
内《うち》	①宮中。②帝。
うつつ	現実。
おこなひ	仏道修行。
おほやけ	①朝廷。②帝。
影《かげ》	①光。②姿。③恩恵。
かたち	容貌、容姿。
際《きは》	①端、限界。②身分、程度。
気色《けしき》	①様子。②心理、顔色。
心ばへ	①気立て、性質。②風情。③意味。
腰折れ	下手な和歌。
才《ざえ》	漢籍の教養。

単語	意味
里	(女房などの)実家。
しるし	①効果。②霊験、ご利益。
そのかみ	その当時、昔。
そらごと	嘘。
ただびと	①臣下。②普通の人。
たより	①手段、方法。②縁故、つて。③機会、ついで。
契り	①前世からの因縁。②夫婦仲、男女の交わり。
つとめて	①早朝。②(何かの)翌朝。
年ごろ	長年、長い間。
情け	①思いやり。②愛情。③風流心。④情趣。
匂ひ	①(花や人の)美しさ。②香り。
人の国	地方。
文《ふみ》	①手紙。②書物。③漢籍、漢詩文。
本意《ほい》	かねてからの願い、念願。

絆《ほだし》	出家の妨げ、束縛。
程《ほど》	①距離。②時間、うち。③身分、家柄。
世	①男女仲。②俗世間。③世の中。
由《よし》	①理由、根拠、方法。②由緒、いわれ、事情。

5 副詞など

単語	意味
あまた	多く、たくさん。
いさ	さあわからない。
いつしか	①いつの間にか。②早く。
いと	とても。
いとど	いっそう、ますます。
うたて	①不快に。②気味が悪く。③ますます。
おのづから	自然に、ひとりでに。
かく	こう、このように。
かたみに	お互いに。
げに	なるほど、たしかに、実に、本当に。
ここら、そこら	多く、たくさん。
さ、しか	そう、そのように。
さすがに	そうは言ってもやはり。
さりとも	いくらなんでも。
すなはち	すぐに、即座に。
なかなか	かえって。
など	なぜ。
なほ	やはり。
やうやう	徐々に、しだいに。
やがて	①すぐに。②そのまま。
やはら、やをら	そっと、静かに。
折節《をりふし》	ちょうどそのとき。

6 慣用句

単語	意味
飽かず	①物足りない、名残惜しい。 ②飽きない。
あなかま(たまへ)	しっ、静かに(してください)。
あらぬ	別の、ほかの。
いかがはせむ ＝何にかはせむ	どうしようか、いやどうしようもないだろう。
いざたまへ	さあ、いらっしゃい。
言はむかたなし	なんとも言いようがない。
言ふもおろかなり ＝言へばおろかなり ・～とはおろかなり	言葉では言い尽くせないほどだ。 ～などという言葉では言い切れないほどだ。
言ふもさらなり ＝言へばさらなり ＝さらにも言はず	言うまでもない。
今は限り	これが最後(最期)だ、もうお別れだ。

単語	意味
えも言はず ＝えならず	なんとも言えないほどだ。
頭下ろす ＝もとどりを切る ＝世を背く	出家する。
数ならず ＝物の数ならず	たいしたものではない。
けしうはあらず	悪くはない。
こと(＋名詞)	別の、ほかの。
(動詞＋)さす	～しかけて途中でやめる。
さてあるべきならず	そのままでいられない、そのままいるべきでない。
さらぬ別れ	死別。
さるべきにや	そうなるはずの運命であろうか。
さればこそ ＝さればよ	やはり思ったとおりだ。

せきあへず =袖を絞る	涙をこらえきれない、涙を流す。
ただならず =例ならず	①普通でない、病気だ。②妊娠している。
とばかり	少しの間。
人やりならず	他人がやったのでなく、自分のせいだ。
むなしくなる =いたづらになる	死ぬ。
物もおぼえず	何が何だかわからない、茫然自失の状態だ。

夕されば	夕方になると。
世に合ふ	時流に乗って栄える、寵愛を受ける。
例の	いつものように。
われか人かにもあらず =われかにもあらず =われかの気色	何が何だかわからない、茫然自失の状態だ。

7 敬語動詞① 尊敬語

動詞	もとの動詞(現代語)	口語訳
おはす おはします	本 ある・行く・来る	いらっしゃる
ます まします	補	～(で)いらっしゃる
いますかり	本 ある 補	いらっしゃる ～(で)いらっしゃる
仰《おほ》す のたまふ のたまはす	本 言う	おっしゃる
聞こしめす	本 ①聞く ②食う・飲む	お聞きになる 召し上がる
思《おぼ》す 思《おも》ほす 思《おぼ》し召《め》す	本 思う	お思いになる
たまはす	本 与える	お与えになる

たまふ※	本 与える 補〔四段〕尊敬	お与えになる ～なさる
あそばす	本 する	なさる
御覧ず	本 見る	ご覧になる
大殿籠《おほとのごも》る	本 寝る	おやすみになる
召す	本 呼ぶ	お呼びになる
しろしめす	本 ①知る ②統治する	ご存じである お治めになる
参る※ **奉る※**	本 ①乗る ②着る ③食う・飲む	お乗りになる お召しになる 召し上がる

尊敬語の補助動詞の訳し方には、**【～なさる】【～(て)いらっしゃる】【お～になる】**などがある。

8 敬語動詞② 謙譲語

動詞	もとの動詞（現代語）	口語訳
侍り※ 候ふ※	本 いる・仕える	お仕えする
まうづ 参る※	本 行く・来る	参上する
まかる まかづ	本 出る	退出する
申す 聞こゆ 聞こえさす	本 言う 補	申し上げる ～し申し上げる
奏す	本 言う	（天皇に）申し上げる
啓す	本 言う	（中宮・東宮に）申し上げる
承《うけたまは》る	本 聞く	うかがう
参らす 奉る※	本 与える 補	差し上げる ～し申し上げる
たまはる	本 もらう	いただく
つかうまつる	本 する	～し申し上げる

たまふ※	補〔下二段〕謙譲	〜です・〜ます

謙譲語の補助動詞の訳し方には、**「〜し申し上げる」「〜いたす」「お〜する」**などがある。

9 敬語動詞③ 丁寧語

動詞	もとの動詞(現代語)	口語訳
侍り※	本 いる・ある	あります・います
候ふ※	補	〜です・〜ます

丁寧語の補助動詞の訳し方には、**「〜です」「〜ます」「〜ございます」**などがある。

※下二段活用の補助動詞「たまふ」の特徴（四段活用の「たまふ」は尊敬語）

①**謙譲語** 訳「〜です・〜ます」→ **訳し方に注意。**

②会話文と手紙文でのみ使用される。

③発話主（書き手）の動作に付く。→ **主語は「私」。**

④知覚動詞（「思ふ・見る・聞く・知る」など）に付く。

⑤複合動詞には割り込む。例「思ひたまへ知る。」

※「参る・奉る」の特殊用法

①原則は謙譲語。

「参る」＝［参上する］　「奉る」＝［差し上げる］

②**「飲食する・乗る・着る」の意**なら**尊敬語の本動詞。**

※「侍り・候ふ」の整理

①補助動詞用法なら**丁寧語。**

②**「偉い人の近くにいる」意**なら**謙譲語の本動詞。**

主要な助動詞一覧

接続	助動詞	未然形	連用形	終止形	連体形	已然形	命令形	主要な文法的意味［訳例］
未然形	る	れ	れ	る	るる	るれ	れよ	①自発［自然ト～テシマウ］②受身［サレル］③尊敬［ナサル］④可能［デキル］
	らる	られ	られ	らる	らるる	らるれ	られよ	
	す	せ	せ	す	する	すれ	せよ	①使役［サセル］②尊敬［ナサル］
	さす	させ	させ	さす	さする	さすれ	させよ	
	しむ	しめ	しめ	しむ	しむる	しむれ	しめよ	
	む	○	○	む	む	め	○	①推量［ダロウ］②意志［ツモリダ］③婉曲［ヨウナ］
	むず	○	○	むず	むずる	むずれ	○	
	まし	ましか（ませ）	○	まし	まし	ましか	○	①反実仮想［～タラ～ダロウニ］②ためらいの意志［ヨウカ］
	まほし	（まほしく）まほしから	まほしく まほしかり	まほし	まほしき まほしかる	まほしけれ	○	①願望［タイ］

	ず	（ず）ざら	ず ざり	ず	ぬ ざる	ね ざれ	ざれ	①打消［ナイ］
	じ	○	○	じ	じ	じ	○	①打消推量［ナイダロウ］ ②打消意志［ナイツモリダ］
連用形	つ	て	て	つ	つる	つれ	てよ	①完了［タ・テシマウ］ ②強意［キット〜スル］
	ぬ	な	に	ぬ	ぬる	ぬれ	ね	
	たり	たら	たり	たり	たる	たれ	たれ	①存続［テイル］ ②完了［タ］
	き	（せ）	○	き	し	しか	○	①過去［タ］
	けり	（けら）	○	けり	ける	けれ	○	①過去［タ］ ②詠嘆［ナア］
	けむ	○	○	けむ	けむ	けめ	○	①過去推量［タダロウ］
	たし	（たく）たから	たく たかり	たし	たき たかる	たけれ	○	①願望［タイ］
終止形	べし	（べく）べから	べく べかり	べし	べき べかる	べけれ	○	①推量［ダロウ］ ②意志［ツモリダ］ ③当然［ベキダ・ハズダ］ ④適当［ノガヨイ］ ⑤命令［セヨ］ ⑥可能［デキル］
	まじ	（まじく）まじから	まじく まじかり	まじ	まじき まじかる	まじけれ	○	①打消推量［ナイダロウ］ ②打消意志［ナイツモリダ］ ③打消当然［ベキデナイ・ハズガナイ］ ④不適当・禁止［ナイホウガヨイ・テハナラナイ］ ⑤不可能［デキナイ］
	らむ	○	○	らむ	らむ	らめ	○	①現在推量［テイルダロウ］
	めり	○	めり	めり	める	めれ	○	①推定・婉曲［ヨウダ・ラシイ］
	なり	○	なり	なり	なる	なれ	○	①伝聞［ソウダ・ラシイ］ ②推定［ヨウダ］
	らし	○	○	らし	らし	らし	○	①推定［ラシイ］
体言 連体形	なり	なら	なり に	なり	なる	なれ	なれ	①断定［デアル・ダ］ ②存在［ニイル・ニアル］
体言	たり	たら	たり と	たり	たる	たれ	たれ	①断定［デアル・ダ］
サ変の未然形 四段の已然形	り	ら	り	り	る	れ	れ	①存続［テイル］ ②完了［タ］
種々の語	ごとし	（ごとく）	ごとく	ごとし	ごとき	○	○	①比況・例示［ヨウダ］

最重要漢文単語

1 基本の名詞

単語	意味
聖人《せいじん》	完全な徳を備えた人物
君子《くんし》	徳のある立派な人物
小人《しょうじん》	徳の少ない人物
上《しょう》	皇帝
朕《ちん》	私（皇帝が使う）
寡人《かじん》	徳の少ない人（会話文＝私）
左右《さゆう》	側近
臣《しん》	臣下・私

単語	意味
妾《しょう》	私（女性のみが使う）
夫子《ふうし》	先生・あなた
予《われ》・余《われ》・某《それがし》	私
君《きみ》・卿《けい》・公《こう》・子《し》	あなた
汝《なんぢ》・女《なんぢ》・若《なんぢ》・爾《なんぢ》	お前
粟《ぞく》	穀物

2 間違えやすい名詞

単語	誤読	誤訳	意味
先生《せんせい》		×先生	あなた・先生

百《ひゃく》姓《せい》	×ひゃくしょう	×農民	人民
故《こ》人《じん》		×死んだ人	旧友・古くからの友人
人《じん》間《かん》	×にんげん	×人間	世の中・世間
鬼《き》	×おに	×鬼	幽霊
城《じょう》	×しろ	×城	城壁・城壁に囲まれた町
字《あざな》	×じ	×文字	別名
師《し》		×先生	模範・手本（・先生）
性《せい》		×性格	本性・生まれつき

3 使える名詞

単語	意味
為レ人《ひととなり》	人柄
声《こえ》	名声・評判
理《り》	道理　※V のときは理《おさ》ム（治める）
色《いろ》	顔色・表情
所以《ゆえん》	原因、理由・手段、方法

単語	意味
命《めい》	天命・運命・命令・生命
旬《じゅん》	十日
期《き》年《ねん》	まる一年
仁《じん》	他者への思いやり
義《ぎ》	人として行うべき正しい道
礼《れい》	人間が守るべき礼儀や作法・社会規範
孝《こう》	育ててくれた親に対する思いやり行動・親孝行

4 覚えにくい副詞

単語	読み	意味
更・交	こもごも	かわるがわる
倶・与・偕	ともに	一緒に
私・窃	ひそかに	こっそりと
咸・渾・都	すべて	全部・みな
尤・最	もっとも	とりわけ
偶・適・会	たまたま	偶然
愈・弥	いよいよ	ますます

単語	読み	意味
数・屢	しばしば	何度も・たびたび
卒・遽・俄	にはかに	急に・あわてて
向・前	さきに	以前に・さっき
自・親	みづから	自分で・自分から　※自《おのづか》ラ……自然と(に)
嘗・曾	かつて	以前
甚・太	はなはだ	非常に・とても

5 間違えやすい副詞

単語	読み	意味
蓋	けだし	思うに
盍	なんぞ〜ざる	どうして〜しないのか。
凡	およそ	すべて・いったい
大凡	おほよそ	だいたい

単語	読み	意味
倶	ともに	一緒に・どちらも
具	つぶさに	詳細に・くわしく
漸	やうやく	だんだん・次第に
暫	しばらく	とりあえず・しばらく
徐	おもむろに	ゆっくり

所以	ゆゑん	原因、理由・手段、方法
所謂	いはゆる	つまり

6 使える動詞・形容詞・形容動詞

単語	読み	意味
遺	のこす・わする・すつ・おくる	残す・忘れる・捨てる・贈る
過	あやまつ・すぐ・よぎる	過る・過ぎる・よぎる
造	つくる・いたる	作る・行く、来る
辞	じす	やめる・去る・ことわる・言葉
忍	しのぶ	我慢する・残酷である
謝	しゃす	感謝する・謝罪する
称	音読み しょうす 訓読み かなふ・たたふ・となふ	つりあう・ほめる・となえる
勝	かつ・まさる・たふ・あげて	勝つ・すぐれる・耐える・すべて

単語	読み	意味
説	とく・よろこぶ	説明する・喜ぶ
致	いたす	送る・招く・なしとげる
白	もうす	申し上げる
絶	たつ・たゆ	断ち切る・絶える
亡	ほろぼす・ほろぶ・にぐ・うしなう・ぼうず	滅ぼす・滅びる・逃げる・失う・死ぬ
悪	あし・にくむ	悪い・憎む
易	かふ・やすし	かえる、かわる・簡単、たやすい

7 使える接続語①

	読み	意味
是以	ここをもって	こういうわけで
以レ是	これをもって	これが原因で・このことで
於レ是	ここにおいて	そこで
然則	しからばすなはち	そうであるならば
然後	しかるのち（に）	そうした後で
然而	しかりしこうして	そうではあるが

8 使える接続語②

	読み	意味
乃	すなはち	やがて・そこで・ようやく・なんと
則	すなはち	つまり
即	すなはち	ただちに・すぐさま・すぐに
便	すなはち	すぐに
輒	すなはち	そのたびごとに

又	また	さらに
亦	また	同様に
復	また	ふたたび・もう一度
還	また	くりかえして

遂	つひに	やがて・その結果・そのまま
卒	つひに	結局・とうとう
終	つひに	結局・とうとう
竟	つひに	結局・とうとう

9 入試頻出の多読多義語

単語	読み	見分け方
女	おんな・なんぢ・むすめ	女性のとき「おんな」、目上→目下に「お前」と呼ぶとき「なんぢ」（☞324ページ）、娘のとき「むすめ」。
夫	おっと・それ・かの・かな	夫・旦那のとき「おっと」、接続語で「そもそも」のとき「そレ」、「あの」と訳すとき「かノ」、文末で詠嘆「〜だなあ」（☞221ページ）のとき「かな」。

若	もし・なんぢ・ごとし・しく	（☞226ページ）
如	もし・ごとし・しく	（☞227ページ）
之	の・ゆく・これを（これに）	SとV、名詞と名詞の間＝助詞「～の・～が」で「の」、Vのとき「出かける・行く」で「ゆク」、Oのとき「これヲ」「これニ」。
故	ゆゑに・ゆゑ・ことさらに・もとより・ふるし	「だから」とまとめるとき「ゆゑ（え）ニ」、理由のとき「こと」、故意・意図的なとき「ことさらニ」、「以前・もともと」のとき「もとヨリ」、Vのとき「古い」で「ふるシ」。
已	すでに・やむ・のみ	Vの上＝副詞で「すでニ」、Vのとき「やム」、文末のとき限定の終助詞（☞234ページなら）「のみ」。
疾	やまひ・とし・にくむ	名詞のとき「病気」で「やまひ」、Vのとき「はやい」内容なら「とシ」、「憎む」内容なら「にくム」。
見	みる・まみゆ・あらはる・あらはす・る・らる	Vなら文脈にあわせて「見る・目に入る」なら「みル」、目上に「お会いする」なら「まみユ」、「現れる」なら「あらはル」、「表す・示す」なら「あらはす」、Vより上なら受身「～される」（☞185ページ）で「る・らル」。

与	と・ともに・か・や・あたふ・くみす・あづかる・より・よりは	前置詞「〜と」なら「と」、Vの上で副詞で「一緒に・どちらも」なら「ともに」、文末で疑問・反語の終助詞（☞216ページ）なら「か・や」、Vなら文脈で「与える」なら「あたフ」、「仲間になる・味方する」なら「くみス」、「関係する・関与する」なら「あづかル」、比較なら「より・よりハ」。
為	ために・なす・なる・つくる・おさむ・たり・る・らる	Vより上で「〜の（が）ために」で「ために」（※ただし「〜」のが省略された形もあり）、Vなら「する」で「なス」、「なる」で「なル」、「作る」で「つくル」、「治める」で「おさム」、「〜である・〜だった」で「たリ」、受身「〜される」（☞185ページ）なら「る・らル」。

漢文ポイント一覧

太田　善之（おおた　よしゆき）
千葉県出身。河合塾古文科講師。生涯教育の講師も勤める。担当講義は東大・早大クラスから中堅私大クラスまで幅広い。古文が苦手だった自らの経験を元に、「受験古文にセンスはいらない」をモットーとした授業を展開。必要最小限の知識による論理的読解や古語の持つニュアンスをわかりやすく解説する指導には定評がある。「古文が好きになった！」という受験生の声を聞くことが何よりの喜び。
著書に『何が書いてあるかわからない人のための　古文のオキテ45』（KADOKAWA）、『首都圏「難関」私大古文演習』『「有名」私大古文演習』（以上、河合出版、共著）などがある。

打越　竜也（うちこし　たつや）
神奈川県横浜市出身。大学院博士課程終了後、現在は受験予備校の河合塾の漢文講師、大学や各施設の生涯学習講座で『論語』講師として活動中。座右の銘は「学びて思わざれば則ち罔（くら）し、思いて学ばざれば則ち殆（あやう）し」（学んでも考えなければはっきりわからない。考えばかりで学ばないと独断で危険だ）。
著書に『世界一わかりやすい 早稲田の国語 合格講座』（KADOKAWA、共著）、『こどもと楽しむマンガ論語』（ブティック社）などがある。

大学入学共通《だいがくにゅうがくきょうつう》テスト
国語《こくご》［古文《こぶん》・漢文《かんぶん》］の点数《てんすう》が面白《おもしろ》いほどとれる本《ほん》

2020年８月21日　初版　第１刷発行
2023年10月20日　第10刷発行

著者／太田《おおた》 善之《よしゆき》・打越《うちこし》 竜也《たつや》

発行者／山下 直久

発行／株式会社KADOKAWA
〒102-8177　東京都千代田区富士見2-13-3
電話　0570-002-301（ナビダイヤル）

印刷所／図書印刷株式会社

●お問い合わせ
https://www.kadokawa.co.jp/（「お問い合わせ」へお進みください）
※内容によっては、お答えできない場合があります。
※サポートは日本国内のみとさせていただきます。
※Japanese text only

定価はカバーに表示してあります。

ISBN 978-4-04-604198-2　C7081